MARCO POLO

W0190052

ELSASS

Reisen mit **Insider Tipps**

> Man weiß gar nicht, wo anfangen mit den elsässischen Highlights: romantische Winzerdörfer, trutzige Burgen, liebliche Rheinauen und der herbe Charme der Hochvogesen, die mittelalterlichen Stadtkerne von Colmar und Straßburg – und dann natürlich all die Gaumenfreuden!
> *MARCO POLO Autorin*
> *Jutta Hartlieb*
> (siehe S. 130)

Das passt:
Der MARCO POLO Sprachführer Französisch

Weitere MARCO POLO Titel:
Frankreich, Schwarzwald, Pfalz

Spezielle News, Lesermeinungen und Angebote zum Elsass
www.marcopolo.de/elsass

ELSASS

＞ SYMBOLE

Insider Tipp

MARCO POLO
INSIDER-TIPPS
Von unserer Autorin
für Sie entdeckt

★ MARCO POLO
HIGHLIGHTS
Alles, was Sie im Elsass
kennen sollten

☼ SCHÖNE AUSSICHT

📶 WLAN-HOTSPOT

▶▶ HIER TRIFFT SICH
DIE SZENE

＞ PREISKATEGORIEN

HOTELS
€€€ über 120 Euro
€€   80–120 Euro
€   unter 80 Euro
Die Preise gelten pro Nacht
für zwei Personen im Doppel-
zimmer ohne Frühstück

RESTAURANTS
€€€ über 40 Euro
€€   25–40 Euro
€   unter 25 Euro
Preise für ein Dreigängemenü
ohne Getränke. Mittags gibt es
häufig ein günstigeres Menü

＞ KARTEN

[116 A1] Seitenzahlen und
Koordinaten für den
Reiseatlas Elsass
[U A1] Koordinaten für die
Karte Straßburg im
hinteren Umschlag
[0] außerhalb des
Kartenausschnitts

Zu Ihrer Orientierung
sind auch die Orte mit
Koordinaten versehen,
die nicht im Reiseatlas
eingetragen sind

INHALT

ENTDECKEN SIE DAS ELSASS!

Unsere Top 15 führen Sie an die traumhaftesten Orte und zu den spannendsten Sehenswürdigkeiten

Die Highlights sind in der Karte auf dem hinteren Umschlag eingetragen

 Le Bruch
Mittelalter in Wissembourg: schöne Bürgerhäuser an den Ufern der Lauter (Seite 40)

 Burg Fleckenstein
Wer Burgen liebt, sollte sich Flecken-stein in den Nordvogesen nicht entgehen lassen (Seite 42)

 Cathédrale Notre-Dame
Das weltberühmte Straßburger Münster ist zu Recht das am meisten besichtigte Baudenkmal im Elsass (Seite 46)

Musées du Château des Rohan
Drei sehenswerte Straßburger Museen im stilvollen Rahmen des ehemaligen Bi-schöflichen Palais: Archäologie, Kunstge-werbe und die schönen Künste (Seite 49)

 Europaparlament
Der futuristische Bau am Illufer in Straßburg symbolisiert mit seiner glitzernden gläsernen Fassade jene Transparenz, die man den europäischen Institutionen wünscht (Seite 50)

Petite France
Bilderbuchelsass: Ein Spaziergang durch das idyllisch verwinkelte und von den Illarmen umspülte Fachwerkviertel Petite France gehört zum Straßburgbesuch einfach dazu (Seite 52)

 „Maria im Rosenhag"
Das berühmte Renaissancegemälde von Martin Schongauer steht im Altarschrein der Église des Dominicains in Colmar (Seite 61)

> DIE BESTEN MARCO POLO HIGHLIGHTS

⭐ Isenheimer Altar
Der großartige Flügelaltar von Matthias Grünewald hat aus dem Colmarer Musée d'Unterlinden eine regelrechte Pilgerstätte gemacht (Seite 62)

⭐ Petite Venise
Idylle pur in Colmar – ideal zum Bummeln oder für eine Rast auf einer Caféterrasse (Seite 63)

⭐ Route des Crêtes
Die Vogesenkammstraße bietet ein prachtvolles Panorama nach dem anderen (Seite 69)

⭐ Turckheim
Das Weinstädtchen am Eingang ins Münstertal ist ein besonders schöner Ort (Seite 69)

⭐ Bibliothèque Humaniste
Die Bibliothek in Sélestat ist ein Erlebnis nicht nur für Freunde alter Bücher (Seite 70)

⭐ Haut-Kœnigsbourg
Die Hochkönigsburg bietet jede Menge Mittelalterromantik und einen herrlichen Blick über die Rheinebene (Seite 73)

⭐ Musée National de l'Automobile
Eine prachtvolle Autosammlung in Mulhouse (Seite 82)

⭐ Écomusée Ungersheim
Auf ehemaligen Abraumhalden im elsässischen Kalirevier ist eines der schönsten Freilichtmuseen Frankreichs entstanden (Seite 86)

WAS
FÜR
EINE
REGION!

Zellenberg an der Weinstraße

AUFTAKT

> Imposante Burgen, idyllische Dörfer, abwechslungsreiche Landschaft, prächtige Kirchen und natürlich jede Menge gemütliche Weinstuben und Gasthäuser für anspruchsvolle Feinschmecker: Dafür ist das Elsass bekannt. Die Region hat aber noch viel mehr zu bieten: Neben einem dichten Netz von Wander- und Radwegen lockt eine Fülle weiterer Sportangebote, vom Kanupaddeln bis zum Gleitschirmfliegen. Straßburg und Colmar warten mit renommierten Musikfestivals auf, Mulhouse mit einer Fülle an technischen Museen. Die Elsassmetropole Straßburg ist zudem dank Uni und mehrerer Hochschulen eine sehr junge und quirlige Stadt.

> Das Zitat fehlt in praktisch keinem Reiseführer: „Welch ein schöner Garten", soll der Sonnenkönig Ludwig XIV. ausgerufen haben, als er vor mehr als 300 Jahren erstmals das Elsass erblickte. Doch aktuell ist es immer noch, denn das Elsass hat tatsächlich jede Menge beeindruckender und vor allem abwechslungsreicher Landschaft zu bieten: Die Vogesen präsentieren sich im Norden als typisches Mittelgebirge mit sanften, bewaldeten Hügeln und romantischen Tälern – ideal für Radtouren und geruhsame Spaziergänge. Im Süden erinnern sie mit ihren wilden, manchmal schroffen Gipfeln, den kargen, teilweise mit Blaubeeren bewachsenen Hochweiden und den eiskalten Bergseen schon fast an die Alpen, deren Umrisse man bei klarem Wetter erahnen kann. Hier finden auch sportliche Wanderer und Kletterer ihre Herausforderungen. Zum Rhein hin wird die Landschaft lieblicher, zwischen Weinbergen liegen blumengeschmückte Dörfer mit Fachwerkhäusern und alten Brunnen – praktisch jedes eine Postkarten-

idylle. Der Rhein ist zwar auch im Elsass weitgehend begradigt, doch wurden, nicht zuletzt dank dem Druck von Umweltschützern, einige der typischen Auenwälder entlang des Flusses gerettet. Diese Feuchtgebiete, die bei Hochwasser regelmäßig überflutet werden, sind ein idealer Lebensraum für seltene Pflanzen, etwa Orchideen und Schlinggewächse, und vom Aussterben bedrohte Tiere. In den Altarmen des Rheins können Spaziergänger noch Biber beim Dämmebauen beobachten, und in einigen Nebenflüsschen wurden mit Erfolg Fischotter wieder angesiedelt.

> *Am Rhein: Biber beim Dämmebauen beobachten*

Lohnend ist ein Elsassurlaub aber auch für kulturell Interessierte: Zahlreiche imposante Burgen und Burgruinen, Orte mit mittelalterlichem

Place de l'Ancienne Douane: das ehemalige Gerberviertel Quartier des Tanneurs in Colmar

Stadtkern, sehenswerte Kirchen und Museen zeugen von der reichen Vergangenheit der Region zwischen Rhein und Vogesen. Und schließlich kann sich das Elsass rühmen, unter den französischen Regionen eines der dichtesten Netze von – im doppelten Sinn des Wortes – ausgezeichneten Feinschmeckertempeln zu sein. Viele der Sternerestaurants verbinden die reiche Tradition der klassischen französischen Küche mit regionalen Einflüssen – ein Erlebnis für Gourmets.

Aber auch in einfacheren Gasthäusern – in den typischen Weinstuben etwa oder in den rustikalen *fermes auberges,* den bewirtschafteten Bauernhöfen in den Vogesen – können Sie oft gut, meistens authentisch und praktisch immer reichhaltig essen. Und mit Spätzle, Leberklößchen und üppigen Sauerkrautplatten wird dabei häufig aufgetischt, was zu den Lieblingsspeisen gerade der Deutschen gehört.

Überhaupt ist für Deutsche (und Schweizer) vieles vertraut. Das fängt schon mit der Sprache an, dem Elsässischen, einem alemannisch-moselfränkisch geprägten Dialekt des Deutschen. Da verstehen die ansonsten so ordnungsliebenden und gesetzestreuen Elsässer übrigens keinen Spaß. Die allabendliche halbstündige Regionalsendung auf Elsässisch (mit französischen Untertiteln für zugereiste Franzosen) hat ebenso viele Zuschauer wie die französischsprachigen Nachrichten. Und immerhin jedes zweite Kind im Elsass lernt in der Grundschule Deutsch.

> **Die sanften, bewaldeten Hügel sind ideal für Radtouren**

Deutsche Urlauber kommen vor allem im Nordelsass, wo der Dialekt noch am lebendigsten ist, ohne Französischkenntnisse aus. Auch in den Städten findet sich fast immer jemand, der Deutsch spricht. Das Auftreten verlangt allerdings etwas Fingerspitzengefühl: Schließlich haben die Elsässer nicht nur gute Erfahrungen mit ihren rechtsrheinischen Nachbarn gemacht, die ja nicht immer als Touristen kamen, sondern ab und zu auch als Besatzer.

Die Sprachenfrage spiegelt die paradoxe Geschichte des Elsass wider – und die Eigenart seiner Bewohner. Sie werden in „Innerfrankreich", wie man hier den Rest des Landes nennt, zwar wegen ihrer Tüchtigkeit geschätzt, oft aber auch wegen ihres Akzents und einer angeblich „typisch germanischen" Liebe zu Ordnung

WAS WAR WANN?

58 v. Chr. Julius Caesar erobert das damals von Kelten besiedelte Elsass

ab 406 Immer öfter fallen die Germanen ein; die Alemannen lassen sich im Elsass nieder

7./8. Jh. Klöster werden gegründet (Murbach). Das Elsass ist Herzogtum innerhalb des Frankenreichs

870 Im Vertrag von Mersen erhält Ludwig der Deutsche das Elsass zugesprochen

1354 Gründung der Dekapolis, des elsässischen Zehnstädtebunds

16. Jh. Die Reformation fasst im katholischen Elsass immer mehr Fuß. Straßburg und Sélestat werden zu Hochburgen des Humanismus, Bauernaufstände werden blutig niedergeworfen

1648 Nach dem Dreißigjährigen Krieg treten die Habsburger ihre elsässischen Besitzungen im Westfälischen Frieden an den König von Frankreich ab

1870/71 Niederlage der Franzosen im Deutsch-Französischen Krieg. Das Elsass und Ostlothringen gehen an das Deutsche Reich

1918 Nach der Niederlage Deutschlands im Ersten Weltkrieg wird das Elsass wieder französisch

1940 Nazideutschland annektiert das Elsass, die Elsässer werden in die Wehrmacht zwangseingezogen

1945 Nach dem Sieg der Alliierten im Zweiten Weltkrieg wird das Elsass wieder französisch

1949 Straßburg wird Sitz des Europarats

2007 Inbetriebnahme der TGV-Linie Straßburg–Paris

und Disziplin gehänselt. Doch trotz manch ungewollter Periode unter deutscher Herrschaft haben sich die Elsässer ihre französische Lebenskunst nicht nehmen lassen. Und dazu gehört nun mal das gute Essen.

Die Region hat freilich mehr zu bieten als Gaumenfreuden: romantische Winzerdörfer entlang der Weinstraße, trutzige Burgen, romanische und gotische Kirchen, liebliche Rheinauen, abgelegene Täler und den herben Charme der Hochvogesen. Die pittoresken mittelalterlichen Stadtkerne von Colmar und Straßburg gehören zu den touristischen Highlights. Doch zahlreiche andere Orte lohnen den Besuch ebenso – Wissembourg und Saverne etwa, die Winzerorte Barr und Ammerschwihr oder das Städtchen Guebwiller, um nur einige zu nennen.

> *Colmar: eine der trockensten Städte Frankreichs*

Das Elsass erstreckt sich über eine Länge von 180 km, zwischen Rhein und Vogesen liegen 40 bis 50 km. Der höchste Punkt der Vogesen ist mit 1424 m der Grand Ballon. Das Mittelgebirge bildet auch eine Barriere für die aus Westen vom Atlantik heranziehenden Regenwolken – Colmar ist eine der trockensten Städte Frankreichs. Eine Reise ins Elsass lohnt sich aber nicht nur von Frühjahr bis Herbst, wenn dank des meist milden Klimas an vielen Tagen die Sonne scheint. Auch im Winter hat die Region einen besonderen Reiz: Viele Orte sind zur Weihnachtszeit prachtvoll herausgeputzt, und in den Vogesen können Wintersportler ihre Skier anschnallen oder Ausflüge mit Schneeschuhen machen.

1,6 Mio. Menschen wohnen im Elsass, ein Viertel davon im Raum Straßburg, 220 000 in der Industriestadt Mulhouse, drittgrößte Stadt ist

in die Schweiz, doch sind auch deren Arbeitsplätze nicht mehr so sicher wie noch vor einigen Jahren.

Eine Grenzregion war das Elsass schon während der über vier Jahrhunderte dauernden Besatzung durch die Römer: Wegen der Frontnähe zu den germanischen Barbaren verzichteten

332 Stufen muss erklimmen, wer den Weitblick vom Straßburger Münster genießen will

Colmar mit 83 000 Ew. Gemessen am Bruttosozialprodukt ist das Elsass zwar immer noch eine der reichsten Regionen in Frankreich, doch liegt die Arbeitslosenquote nur noch zwei Prozent unter dem Landesdurchschnitt: Viele deutsche Unternehmen haben ihre Niederlassungen im Elsass verkleinert oder ganz geschlossen. Noch pendeln zwar fast 55 000 Elsässer zur Arbeit nach Deutschland und

die Römer auf große Bauwerke. Dafür führten sie den Weinbau ein, wovon Einheimische und Besucher noch heute profitieren – und womit wir schon wieder beim Thema leibliche Genüsse sind. Doch dass es neben Riesling, Sauerkraut und Flammekueche noch weit mehr Gründe gibt zu sagen: „Entdecken Sie das Elsass!" – davon möchte Sie dieser Reiseführer überzeugen.

TREND GUIDE ELSASS

Die heißesten Entdeckungen und Hotspots!
Unser Szene-Scout zeigt Ihnen, was angesagt ist

Silvia Schaub

Als Journalistin und Kunsthistorikerin erkennt sie Trends und Strömungen sofort. Ihre Liebe zum Elsass hat sie auf Reisen schon früh entdeckt. Seitdem lassen sie die Landschaft, die Weinberge und die romantischen Städte nicht mehr los. Auf ihren Recherchetouren durchs Elsass steigt unser Szene-Scout am liebsten in den Schlosshotels ab oder taucht in die lebendige Kunstszene Straßburgs ein.

 # BIODYNAMISCHER WEIN

Mehr als nur Bio

Biologisch-dynamischer Weinanbau bedeutet, dass Pflege und Ernte im Einklang mit den Rhythmen und Zyklen der Natur stehen. Was zählt, sind Intuition, Erfahrung und Fachwissen – technische oder chemische Hilfen sind tabu. Die Winzerfamilie *Klur (105, Rue des Trois Épis, Katzenthal, www. bioklur.net, Foto)* hält sich daran. Bewährtes Verfahren: Quarzkristall mit Regenwasser zu einem Brei rühren und den über Sommer vergraben. Im Herbst sprühen sie dann das Präparat über ihre Re-

ben. Auch Winzer Jean Baptiste Adam *(5, Rue de l'Aigle, Ammerschwihr, www.jb-adam.com)* schwört auf die Methode und kümmert sich liebevoll um Gewürztraminer, Riesling und Co. Biologisch-dynamischer Weinanbau ist auch die Philosophie des Weinguts *Kreydenweiss (12, Rue Deharbe, Andlau, www.kreydenweiss.com):* Wann die Erde geharkt wird, bestimmen Mondphase, Uhrzeit und der Boden selbst.

SZENE

▶▶ AB IN DIE HALFPIPE

Straßburg kommt ins Rollen

Die Skaterbewegung ist ein alter Hut? Nicht in Straßburg. Hier entwickelt sich eine neue Hochburg der Szene. Ein Grund dafür ist der jährliche *NL Contest Strasbourg (www. nouvelle-ligne.com)*. Während des Turniers treffen Skate- und BMX-Profis aufeinander. Jamsessions, Konzerte und Amateur-Competitions sorgen für Abwechslung. Austragungsort ist der *Skatepark de la Rotonde (Rue Pierre Nuss, Straßburg)*. Alle Termine und News zum Thema bündelt das Skatermagazin *Rolls (http://rollsmag.blogspot.com)*, das alle zwei Monate erscheint. Den lässigen Style holen sich Skater im *Vintage Store (10, Place Saint-Étienne, Straßburg, www.vintage-store.fr)*.

▶▶ NASSER HOTSPOT

Die Anziehungskraft des Wassers

Unzählige Seen und Wasserstraßen durchziehen die Region – wen wundert es da, dass Hausboote, Partyschiffe und Co. Hochkonjunktur haben. Nach Feierabend verlassen die Szenegänger den festen Boden und feiern auf dem *Hot Boat (8, Quai des Belges, Straßburg)*. Das verankerte Schiff ist Lounge-Club und beste Adresse für Electro-House-Fans. Am nächsten Tag können sie stilecht auf dem eigenen Hausboot relaxen und einen der vielen Kanäle entlangschippern. Wer keines hat, mietet sich mit Freunden einen Minikahn *(www.hausboot-mieten.com)*. Auch in Sachen Sightseeing verzichten die Elsässer nicht aufs kühle Nass: Sportliche paddeln im Kanu durch Straßburg *(36, Rue Pierre de Coubertin, www.strasbourgeauxvives.org)*.

▶▶ UNABHÄNGIG

Keine Lust auf Blockbuster

Tom Cruise, Julia Roberts oder Brad Pitt müssen sich hinten anstellen: Kinogänger lassen Mainstream-Filme links liegen und gönnen sich lieber cineastische Leckerbissen in Independent-Kinos wie dem *Cinema Star (27, Rue du Jeu des Enfants, Straßburg, www.cinema-star.com)*. Im *Cinema Odyssee (3, Rue des Francs Bourgeois, Straßburg, www.cinemaodyssee.com)* werden neben alten Klassikern und Independent-Movies auch viele Reportagen gezeigt. Das Festival *Premières (Théâtre National de Strasbourg, 1, Avenue de la Marseillaise, http://premieres.tns.fr)* im Juni zeigt Filme von jungen, noch unbekannten Regisseuren aus ganz Europa.

▶▶ SPANNUNGSMOMENT

Adrenalinschub

Abenteuerfans lieben das Kribbeln im Bauch. Auf der Suche nach Nervenkitzel rasen sie im *Parc d'Aventures Brumath (Plan d'Eau de la Hardt, Brumath, www.brumath-aventure.fr)* an einem Stahlseil hängend die 340 m lange Tyrolienne-Seilbahn knapp über der Wasseroberfläche entlang. Von Baumwipfel zu Baumwipfel geht es im *Acropark (Plain de La Gentiane, Ballon d'Alsace, Lepuix, www.acropark.fr)*. Im Wildwasserpark *Parc des Eaux Vives (Canal de Huningue, www.ville-huningue.fr)* sorgen Stromschnellen z. B. beim Kajakfahren für Action.

▶▶ VON WEGEN BROTLOS

Nach den Regeln der Kunst

Degas, Cézanne, Monet – in diesem Land wohnt die Kunst. Besonders Straßburg und Mulhouse entwickeln sich zur Plattform für Newcomer, die z. B. in der *La Kunsthalle Mulhouse (16, Rue de la Fonderie, Mulhouse, www.kunsthallemulhouse.com)* zeigen, was sie inspiriert. Die Galerie *Stimultania (33, Rue Kageneck, Straßburg, www.stimultania.org)* macht durch Fotokunst-Ausstellungen, Performances und experimentelle Musik Kunst zum Event. Schmelztiegel kreativer Energie und engagierter Galerien ist die Kunstmesse *St-Art (Parc des Expositions, Straßburg-Wacken, www.st-art.fr, Foto)*, auf der Talente gefördert werden.

▶▶ MÄRCHENSCHLAF

Schlummern wie Schneewittchen

Entführung ins Reich der Märchen: Alte Schlösser wie das *Château de l'Île (4, Quai Heydt, Straßburg-Ostwald, www.grandes-etapes-francaises.com)* setzen mit pompösem Interieur Maßstäbe in Sachen Hoteltrends. Kronleuchter und Himmelbetten lassen fast vergessen, dass vor den Toren ein

4 ha großer Schlosspark zum Lustwandeln wartet. Noch mehr Brüder-Grimm-Feeling bekommt man im *Château d'Isenbourg (Rouffach, www.chateau-isenbourg.abcsalles.com, Foto)*: Mitten im Weinberg liegt das Schlosshotel mit Rapunzel-Turm. Seit 300 Jahren ist das *Chateau d'Osthoffen (Osthoffen, www.chateau-dosthoffen.com)* im Besitz der Familie Grouvel. Deswegen heißen alle Zimmer wie die Menschen, die sie einst bewohnt haben: von Vicomte François Grouvel bis Baron Léon Grouvel.

▶▶ TON-ARTISTEN

Wer nicht mixt, ist out

Das Motto der Straßburger Tonkünstler: Warum nur auf eine Musikrichtung spezialisieren, wenn man alle mischen kann! Heraus kommt tanzbare Livemusik wie bei der achtköpfigen Band *Skannibal Schmitt (www.skannibalschmitt.free.fr)*. Ihr Stil vereint Dancehall, Reggae, Ska und Hip-Hop. Die fünfköpfige Combo *LéOparleur (www.leoparleur.com, Foto)* bringt ihr Publikum mit Zigeunerjazz, Klezmer, Flamenco und einem Glas Pastis auf Touren. Elektro-Funk ist das Metier von *Enneri Blaka (www.enneriblaka.com)*. Gleich acht Musiker spielen sich an Sax, Keyboard und Bass die Finger wund. Wer Lust auf den lässigen Sound hat, geht in Straßburg ins *Molodoi (19, Rue du Ban de la Roche, www.molodoi.net)* oder in Colmar in die Konzerthalle *Le Grillen (19, Rue des Jardins, www.grillen.fr)*.

> STÖRCHE UND ORGELN, TECHNIK UND DER TGV

Das Elsass hat seine Traditionen bewahrt,
ohne den Anschluss an moderne Technologie zu versäumen

ARTE

Als Bundeskanzler Helmut Kohl und der französische Präsident François Mitterrand die Idee für den gemeinsamen Kultursender Arte lancierten, waren sie sich über den Standort rasch einig: Straßburg, jahrhundertelang ein deutsch-französischer Zankapfel, wurde als Sitz erkoren. 1991 startete der von beiden Ländern finanzierte Sender sein Programm. Seither hat sich Arte auf beiden Ufern des Rheins einen festen Nischenplatz in der Medienlandschaft erobert. Seit 2003 arbeiten die über 400 Mitarbeiter im modernen Funkhaus im Europaviertel.

BAS-RHIN UND HAUT-RHIN

Bezeichnung der beiden elsässischen Departements, deren Grenze am ehe-

STICH WORTE

maligen Landgraben südlich von Sélestat verläuft. Süd- und Nordelsässer trennt bisweilen eine herzliche Abneigung, Reibereien sind an der Tagesordnung. Wenn es allerdings gegen Paris geht, findet man wieder zueinander.

ENA

Jahrelang war die berühmte Kaderschmiede ENA (École Nationale d'Administration) Symbol für das zentralistische Frankreich. Die Verwaltungshochschule soll dafür sorgen, dass die politische und wirtschaftliche Elite des Landes nach einheitlichen Kriterien ausgebildet wird; lange Zeit galt Paris dafür als einzig möglicher Standort. Entsprechend groß war die Empörung unter den *enarches,* wie die Musterschüler genannt werden, als Paris 1991 die Verlegung der Schule nach Straßburg beschloss: Die Regierung wollte zeigen, dass es ihr mit der Dezentralisierung ernst war, und so bezog die ENA 1993 die aufwendig restaurierte Commanderie Saint-Jean aus dem 16. Jh. im Gerberviertel Petite France. Dort erhalten heute Verwaltungsstudenten aus ganz Europa den letzten Schliff.

EUROPASTADT

Eine wachsende Anzahl von Abgeordneten bemüht sich, die Sitzungen des Europaparlaments von Straßburg nach Brüssel zu verlegen, wo ein Großteil der europäischen Institutionen residiert. Frankreich samt Straßburg wehrt sich mit Händen und Füßen dagegen – schließlich zog das Parlament erst 1999 in den extravaganten Neubau am Illufer um. Die Straßburger lassen sich ihr Image als Europastadt etwas kosten, doch eine europäische Metropole wird Straßburg nie werden, dazu ist das „Bonn Europas" doch zu provinziell – zum Glück, denn sicher würde es auch an Charme verlieren.

FERMES AUBERGES

Rustikal geht es in den gut 60 *fermes auberges* zu. Diese bewirtschafteten Bergbauernhöfe in den Hochvogesen bieten manchmal auch Zimmer an. 50 Prozent der servierten Produkte müssen aus eigener Produktion stammen, der Rest aus bäuerlichen Betrieben der Region. Wer sich daran nicht hält, muss damit rechnen, dass ihm die Vereinigung der *fermes auberges* das begehrte Qualitätslabel entzieht.

HEIDENMAUER

Le Mur Païen bleibt eines der ungelösten Mysterien des Elsass. Die Fes-

> DAS KLIMA IM BLICK

Handeln statt reden

Reisen bereichert und verbindet Menschen und Kulturen. Jedoch: Wer reist, erzeugt auch CO$_2$. Dabei trägt der Flugverkehr mit bis zu 10% zur globalen Erwärmung bei. Wer das Klima schützen will, sollte sich somit nach Möglichkeit für die schonendere Reiseform (wie z. B. die Bahn) entscheiden. Wenn keine Alternative zum Fliegen besteht, so kann man mit *atmosfair* handeln und klimafördernde Projekte unterstützen.

atmosfair ist eine gemeinnützige Klimaschutzorganisation.

Die Idee: Flugpassagiere spenden einen kilometerabhängigen Beitrag für die von ihnen verursachten Emissionen und finanzieren damit Projekte in Entwicklungsländern, die dort helfen, den Ausstoß von Klimagasen zu verringern. Dazu berechnet man mit dem Emissionsrechner auf *www.atmosfair.de* wie viel CO$_2$ der Flug produziert und was es kostet, eine vergleichbare Menge Klimagase einzusparen (z. B. Berlin–London–Berlin: ca. 13 Euro). *atmosfair* garantiert, unter der Schirmherrschaft von Klaus Töpfer, die sorgfältige Verwendung Ihres Beitrags. Auch der MairDumont Verlag fliegt mit *atmosfair*.

Unterstützen auch Sie den Klimaschutz: *www.atmosfair.de*

tungsmauer befindet sich auf dem Mont Sainte-Odile (Vogesen), ist etwa 10 km lang, umschließt mehr als 1 km² und besteht aus tonnenschweren, bis zu 2 m breiten Steinen. Stellenweise ist sie noch bis zu 3 m hoch. Über die Entstehungszeit streiten sich die Experten: Die Angaben liegen zwischen 1000 und 100 Jahren vor Christi Geburt. Wie unsere Vorfahren es angestellt haben, die Mauer zu errichten, und vor allem, warum, das hat bisher niemand klären können.

MAGINOTLINIE

Die Ligne Maginot ist ein Verteidigungswall aus starken Forts, betonierten unterirdischen Kampfständen, Batterien und Panzerhindernissen, der zwischen dem Ersten und dem Zweiten Weltkrieg geschaffen wurde, um Frankreich gegen den deutschen Erbfeind zu schützen. Aus Geldmangel konnte der Bau nicht beendet werden, man beschränkte sich auf die Linienbefestigung. Geholfen hätte der Wall allerdings auch bei Fertigstellung nicht. Die Deutschen umgingen die als uneinnehmbar geltende Maginotlinie durch den Einmarsch in das neutrale Belgien und die Niederlande. Anfang der Siebzigerjahre wurden viele Bunker von der französischen Armee an Privatleute verkauft und dienen heute als Wochenendwohnung oder für die Champignonzucht. Zwei Bunkeranlagen der Maginotlinie kann man heute im Elsass besichtigen, bei Schœnenbourg und Lembach. Und beim nahen Bitche wurde der ehemalige Simserhof zu einem Museum mit Spezialeffekten ausgebaut.

ORGELN

Das Elsass ist die französische Region mit den meisten Orgeln: In knapp

Das Elsass ist auch ein Land der Orgeln und Organisten

1000 Gemeinden gibt es 1350 Orgeln, von denen 176 zum nationalen Kulturgut erklärt wurden. Die meisten stammen aus dem Zeitraum von 1700 bis 1850. Jeder zweite Orgelbauer Frankreichs wohnt im Elsass, insgesamt rund 2000. Einer von ihnen, der Straßburger Daniel Kern, baute auch die monumentale, 8 m hohe Orgel mit 4800 Pfeifen für die neue Dresdner Frauenkirche.

SCHWEITZER, ALBERT

Der berühmte Theologe, Musiker und Urwalddoktor Albert Schweitzer wur-

STORCH

Dieser Symbolvogel des Elsass war in den Sechzigerjahren des 20. Jhs. durch intensive Landwirtschaft und das damit einhergehende Austrock-

Elsässisches High-Tech: Straßburgs hochmoderne Straßenbahn setzt Maßstäbe für eine fortschrittliche und umweltfreundliche Verkehrspolitik

de am 14. Januar 1875 im elsässischen Kaysersberg geboren. Bekannt wurde der radikale Humanist vor allem durch seine Tätigkeit in Afrika, wo er in Lambarene in Gabun ein Buschkrankenhaus gründete, das noch heute existiert. Museen in seinem Geburtshaus in Kaysersberg und im Haus seiner Eltern in Gunsbach geben Aufschluss über das Leben Schweitzers. 1953 erhielt er den Friedensnobelpreis. Am 4. September 1965 starb Schweitzer in Lambarene.

nen von Feuchtgebieten in seiner Existenz bedroht. Doch dank eines ehrgeizigen Wiederansiedlungsprogramms gibt es nun wieder über 300 Storchenpaare, die in zahlreichen Dörfern auf Dächern von Häusern und Kirchen nisten.

TECHNOLOGIE

Bilderbuchdörfer und Fachwerkhausromantik hin oder her, mit dem technischen Fortschritt gehen die Elässer wesentlich unbedarfter und unkritischer um als ihre östlichen Nachbarn. Straßburg ist stolz auf seine futuristisch gestylte Straßenbahn, deren computergestütztes Informationssystem die Wartezeit anzeigt – falls es nicht gerade eine Panne gibt … Mulhouse bietet hochmodernes Parken an: Wer im Besitz der entsprechenden Parkkarte ist, zahlt nur noch die real verstrichene Zeit, der Rest wird beim Wegfahren vom Automaten erstattet. Lange Zeit war auch die Einstellung zur Atomkraft recht unbekümmert. Doch mittlerweile wächst der Widerstand gegen das Kernkraftwerk Fessenheim am Oberrhein, den ältesten und wohl auch pannenanfälligsten Druckwasserreaktor Frankreichs.

TGV-EST

Jahrzehnte haben die Elsässer auf den Hochgeschwindigkeitszug TGV warten müssen – 2007 war es endlich so weit: Der TGV-Est nahm den Betrieb auf. Nun dauert die Fahrt von Straßburg an die Seine nur noch zwei Stunden und 20 Minuten gegenüber vier Stunden zuvor. Möglich macht dies eine neue Hochgeschwindigkeitsstrasse, auf der der Superzug mit 320 km/h rasen kann.

ZWEISPRACHIGKEIT

Nach dem Zweiten Weltkrieg sprachen noch 90 Prozent der Elsässer ihre Regionalsprache, Moselfränkisch im Norden und Alemannisch im Süden der Region. Heute spricht oder versteht bestenfalls noch jeder fünfte Elsässer die Mundart – und zumeist sind es ältere Leute. Denn lange Zeit war das Elsässische verpönt, galt es doch als Sprache des deutschen Erzfeinds. Erst in den Neunzigerjahren setzte ein Umdenken ein – nicht zuletzt weil viele Elsässer auf der deutschen Rheinseite arbeiten. In Vor- und Grundschulen wurden zweisprachige Klassen eingerichtet. Heute werden rund 14 000 elsässische Kinder auf Französisch und Deutsch unterrichtet – acht Prozent aller Schüler.

> BLOGS & PODCASTS

Gute Tagebücher und Files im Internet

> **www.cigogne.net/-Blogs-.html** – ein Kessel Buntes aus dem Elsass

> **http://cathetoiles.free.fr/?cat=11** – mundwässernder Blog mit Rezepten einer Straßburger Hobbyköchin

> **www.ardmediathek.de** – Suchbegriff „Haeberlin" eingeben: ein Besuch bei der Spitzenkoch-Dynastie Haeberlin

> **www.ardmediathek.de** – Suchbegriff „Familie Moll" eingeben: die Geschiche der Familie Moll aus dem Breuschtal, deren Männer dreimal in deutscher und dreimal in französischer Uniform kämpften

> **http://elsassweine.blogspot.com** – ein Blog (nicht nur) für Freunde des Elsässer Weins

Für den Inhalt der Blogs & Podcasts übernimmt die MARCO POLO Redaktion keine Verantwortung.

WEINFESTE UND WEIHNACHTSMÄRKTE

Bei Blumenkorso, Ökomesse und Schneckenrennen
geht es fröhlich zu

> So gut wie jedes Wochenende können Sie vom Frühjahr bis in den späten Herbst Wein- und Folklorefeste besuchen. Die genauen Daten finden Sie in einem Veranstaltungskalender, den die Offices du Tourisme bereithalten. In den „Dernières Nouvelles d'Alsace" und in „L'Alsace" finden Sie freitags eine Wochenendvorschau. Im Internet: *www.dna.fr* oder *www.alsapresse.com*

■ FEIERTAGE ■

1. Jan., Karfreitag, Ostermontag, 1. Mai, 8. Mai *(Waffenstillstand 1945)*, Christi Himmelfahrt, 14. Juli *(Nationalfeiertag)*, 15. Aug., 1. Nov., 11. Nov. *(Waffenstillstand 1918)* 25./26. Dez.

■ FESTIVALS UND VERANSTALTUNGEN ■

Ende April

Obernai lädt in der letzten Aprilwoche zu einem **Insider Tipp** *alternativen Zirkusfestival* ein. Seiltänzer und Jongleure, Clowns und Musiker, Tänzer und Akrobaten geben sich ein Stelldichein. Am 1. Mai verwandeln sich die Gassen des Orts und der Platz vor dem Rathaus zum Abschluss der Zirkuswoche in eine einzige Arena.

Anfang Mai

Ungewöhnliches *Schneckenfest* in Osenbach bei Colmar: Schnecken liefern sich atemraubende Wettläufe über eine Distanz von 50 cm. Nebenbei kann man auch die eine oder andere Schnecke mit Knoblauchbutter und Baguette verzehren.

Mai/Juni

Ökomesse in Rouffach: Fünf Tage lang trifft sich im Mai die elsässische Ökoszene in Rouffach. Mehrere Hundert Verkaufsstände bieten ab Himmelfahrt Bioprodukte, aber auch vielerlei Kunsthandwerk an.

Mitte Mai–Anfang Juni

Ein beeindruckendes Schauspiel bildet der *Almauftrieb (transhumance)*, wenn Rinderherden zur Sommerweide auf die Hochebenen der Vogesen getrieben

Aktuelle Events weltweit auf www.marcopolo.de/events

> EVENTS
FESTE & MEHR

werden. Mehrere Gemeinden wie La Bresse, Gérardmer oder Bussang nutzen die Gelegenheit zu einem Volksfest mit Musik und Schmaus.

21. Juni
Fête de la musique: In ganz Frankreich wird das Musikfest gefeiert. In allen größeren Städten gibt es abends Gratiskonzerte und Straßenmusik.

Ende Juni
Crémation des Trois Sapins in Thann mit Feuerwerk und Konzerten. Höhepunkt ist die Verbrennung von kunstvoll gestalteten Tannen.

13./14. Juli
Riesiges *Feuerwerk* mit Volksfestcharakter in der Nacht zum 14. Juli zur Feier des französischen Nationalfeiertags. Am eindrucksvollsten in Straßburg.

Anfang–Mitte August
Colmarer Weinfest: kulinarische Genüsse, Konzerte und Folklore

Mitte August
Die *Hochzeit von Freund Fritz* (historische Gestalt aus einem Roman von 1864) wird in Marlenheim mit zahlreichen Folkloregruppen gefeiert.
Dem farbenprächtigen Blumenkorso *Corso Fleuri* mit Folklorefest und Feuerwerk in Sélestat wohnen Zehntausende von Zuschauern bei.

September
In Ribeauvillé wird am ersten Sonntag der ★ *Pfifferdai* begangen, der Jahrestag der fahrenden Spielleute. Die Ursprünge des großen Volksfests gehen bis ins Mittelalter zurück. Zum Schluss fließt der Wein gratis aus dem Brunnen. Wachsender Beliebtheit erfreut sich die *Gourmetmesse Degustha* in Hagenthalle-Bas bei Basel.

Dezember
Ab Anfang Dezember gibt es im ganzen Elsass *Christkindlmärkte.* Der größte ist in Straßburg, ein besonders schöner in Kaysersberg.

> FEINE GOURMETTEMPEL UND SIMPLE WEINSTUBEN

Herzhaftes oder Haute Cuisine: Das Elsass hat für jeden Gaumen und jede Kehle etwas zu bieten

> **Ein Reisender wird gefragt, wo er lieber essen gehe, in Deutschland oder in Frankreich. Nach kurzem Nachdenken antwortet er: „In Deutschland gibt es viel, aber es ist nicht sehr gut, in Frankreich schmeckt es vorzüglich, aber die Portionen sind klein. Im Elsass hingegen, dort schmeckt es gut, und die Gerichte sind reichlich bemessen."** Nun mag mit dem elsässischen Barden Roger Siffer bei dieser Geschichte der Heimatstolz durchgegangen sein, eines stimmt: Ob Gourmet, Schlemmerfreund, Gelegenheitsfeinschmecker oder einfach hungriger Wanderer, die Gastronomielandschaft des Elsass hat für jeden etwas zu bieten. Da gibt es ebenso die sorgfältig zubereiteten, herzhaften regionalen Speisen wie die neuesten Kreationen der Haute Cuisine. Faustregel: Je höher Sie dabei im Gourmetniveau steigen, desto weniger wird sich der regionale Einfluss bemerkbar machen.

Bild: Au Crocodile in Straßburg

ESSEN & TRINKEN

Elsässische Gerichte zu meist günstigen Preisen gibt es in der Winstub. Nicht nur Straßburg hat hiervon eine stattliche Anzahl aufzuweisen – ihre Entstehung geht auf das Ende des 19. Jhs. zurück. Zum Essen wird im Elsass wie im übrigen Frankreich Brot serviert. Die Speisen kann man durchaus mit einem Stück Baguette auf die Gabel schieben, niemand wird pikiert schauen. Ganz und gar unüblich ist es hingegen, getrennt zu zahlen. Die Bedienung ist zwar in den Preisen enthalten, üblich sind aber fünf bis zehn Prozent Trinkgeld.

Das Mittagessen wird zwischen 12 und 14 Uhr serviert. Sehr viele Restaurants – auch die der gehobenen Preisklasse – bieten mittags preiswerte Tagesgerichte an. Viele Gasthäuser sind dann allerdings voll, zumal auch im Elsass immer weniger Berufstätige zum Mittagessen nach Hause fahren. Generell gilt: Menüs sind deutlich günstiger als Speisen à la carte. Das Abendessen, auch dies, wenn man will, ein mehrgängiges Menü, wird zwischen 19 und 22 Uhr serviert. Auf dem Land und in kleineren Städten allerdings ist es nach 21 Uhr schwierig, noch eine warme Mahlzeit zu erhalten.

Der kulinarische Ruf des Elsass ist in den letzten Jahren auch im übrigen Frankreich gestiegen. So wurde der Kellermeister der Illhaeuserner Auberge de l'Ill schon zum weltbesten Sommelier gewählt. Mit dem Restaurant Arnsbourg in Baerenthal bei Haguenau und ebender Auberge de

> SPEZIALITÄTEN

Genießen Sie die typisch elsässische Küche!

baeckeoffe – Ein Eintopfgericht, das im Restaurant meist vorbestellt werden muss. Rind-, Schweine- und Lammfleisch wird in Weißwein zwischen Schichten aus Kartoffeln und Zwiebeln mehrere Stunden im Ofen geschmort

choucroute – das elsässische Nationalgericht Sauerkraut, klassisch mit Schweinefleisch und Würstchen. Delikate Variante: Fisch – etwa Zander oder Lachs – auf Sauerkraut (Foto)

coq au riesling – Hähnchen in Riesling, meist mit Spätzle serviert

foie gras – Stopfleber von der Ente oder Gans. Dass die Prozedur für das Federvieh eine Quälerei ist, stört in Frankreich kaum jemanden

krumbeerekiechle – Kartoffelpuffer, meistens mit grünem Salat aufgetischt

kugelhopf – Der klassische Hefetopfkuchen fehlt auf keinem Buffet. Es gibt eine süße Variante (mit Mandeln und Rosinen) und eine salzige (mit Speck)

lentilles – Linsen mit Schweinefleisch – ein Klassiker der deftigen Elsässer Küche

munster – Kräftiger Weichkäse aus dem Münstertal in den Vogesen

pissenlit – Salat aus zarten Löwenzahnblättern, meist mit gerösteten Brotwürfeln (*croûtons*)

rossbiff – Geschmortes Pferdefleisch

schiffala – Geräucherte Schweineschulter. Dazu werden meist scharfer Senf und Meerrettich serviert

tarte – flacher Obstkuchen aus dünnem Blätter- oder Mürbeteig mit Äpfeln, Zwetschgen, Rhabarber oder Mirabellen

tarte flambée – Flammekueche, eine Art elsässische Pizza. Hauchdünner Teig mit Crème fraîche oder Sahnequark, Speckwürfeln und Zwiebeln

tarte aux oignons – Zwiebelkuchen, schmeckt besonders mit Elsässer Weißwein

vacherin – Eine süße Kalorienbombe aus Eis, Sahne und Baiser

wadala – So heißen Schweinshaxen auf Elsässisch

l'Ill gehören zwei Häuser im Elsass zu den nicht eben zahlreichen Gourmettempeln, denen der Guide Michelin drei Sterne zuerkennt. Und trotz Preisen von weit über 100 Euro für ein Abendmenü erhalten Sie in diesen Dreisterneinstitutionen nur gegen Reservierung lange im Voraus einen Tisch. Aber keine Angst, es gibt im Elsass noch zahlreiche andere Spitzenrestaurants.

Weniger üppig als in Deutschland fällt oft das Frühstück aus – wie ihre französischen Landsleute sind viele Elsässer Frühstücksmuffel und begnügen sich mit Kaffee, dazu Weißbrot mit Marmelade oder Croissants. Zumindest größere Hotels haben sich auf ausländische Gäste eingestellt und bieten umfangreichere Frühstücksbuffets an. Auch das nachmittägliche Kaffeetrinken ist in Frankreich unbekannt. Kuchen gibt es normalerweise zum Dessert. Wer auf die heimische Gewohnheit nicht verzichten will, kann in einer *pâtisserie* oder einem *salon de thé* seinen Kaffee mit einem Stück Kuchen genießen.

Das Elsass ist ein Land des Weißweins. Einzig der Pinot noir (Spätburgunder), eine Rotweintraube, fällt aus der Reihe. Der einfachste unter den Weißweinen ist der Edelzwicker, eine Mischung verschiedener Rebsorten. Sein Ruf ist durch Billigweine verschandelt worden, doch bei manchen Winzern findet man durchaus schmackhafte Edelzwicker, die gut zu einfacher, bodenständiger Hausmannskost passen.

Frisch, spritzig und leicht ist der Sylvaner; der im Elsass manchmal Tokay genannte Pinot gris (Ruländer) ist dagegen ein gehaltvoller Wein mit fülligem Aroma. Der Pinot blanc oder Klevner, in Deutschland auch als Weißburgunder bezeichnet, gehört zwar nicht zu den Spitzenweinen, schmeckt aber angenehm frisch. Gewürztraminer und Muscat sind fruchtige und würzige Weine, die gerne als Aperitif getrunken werden. Auch zu *foie gras* wird oft ein Glas Gewürztraminer angeboten. Der trockene Riesling gehört zu den Klassikern der elsässischen Weine. Der Crémant d'Alsace schließlich ist ein ausgezeichneter Schaumwein, der im Champagnerverfahren hergestellt wird. Ein beliebter Aperitif ist Amer: Bier mit einem Schuss Magenbitter.

Das Biertrinken ist ohnehin eine elsässische Tradition – auch wenn in den letzten Jahren viele traditionelle Familienbetriebe schließen mussten oder von multinationalen Konzernen aufgekauft wurden. Rund die Hälfte des Biers, das in Frankreich getrunken wird, stammt aus dem Elsass, etwa von der Großbrauerei Kronenbourg. In den letzten Jahren erfreuen sich auch Kleinstbrauereien *(microbrasseries)* wachsender Beliebtheit.

COMICS, WEIN UND DELIKATESSEN

Und die bunten, von den nordafrikanischen Einwanderern geprägten Wochenmärkte bieten einen Hauch Exotik

> Beim Einkauf von Antiquitäten, Delikatessen sowie Kosmetikartikeln kann man in Frankreich nicht unbedingt sparen, trifft aber auf ein hochkarätiges und sehr breites Angebot. Daneben gibt es einige Produkte, die in Frankreich billiger sind als in Deutschland, etwa Wein oder Käse. In den riesigen Supermärkten *(hypermarchés)* Auchan, Cora, Intermarché, Hyper U oder Leclerc an den Ausfallstraßen der Städte, finden Sie gute Weine und regionale Spezialitäten zu erschwinglichen Preisen. Preisunterschiede sind heute dank Euro sofort zu erkennen.

■ COMICS ■

Wenn Sie Ihre Französischkenntnisse aufpolieren wollen, empfehlen sich Comics, in Frankreich *BD (bandes dessinées)* genannt. Sie erfreuen sich großer Beliebtheit – nicht nur unter Jugendlichen gibt es einen regelrechten BD-Kult. Die jeweils neuesten Werke, die zeichnerisch und inhaltlich durchaus sehr anspruchsvoll sein können, werden in allen Buchhandlungen auf Präsentiertischen angeboten.

Das südelsässische Illzach lädt immer im November zum Comicfestival *Bédéciné* ein, einem Treffen für mehr als 30 000 BD-Fans. In Straßburg können Sie dienstags, mittwochs und samstags auf dem Bücherflohmarkt an der Place Gutenberg nach BDs stöbern.

■ DELIKATESSEN ■

Einen richtigen Feinschmeckersupermarkt finden Sie im Straßburger Einkaufszentrum *Centre Halles,* das zwischen dem Bahnhof und der Place Kléber liegt. Kaum ein Produkt, das man in den *Galeries Gourmandes* nicht findet. Gleich mehrere ausgezeichnete Lebensmittelläden mit elsässischen Spezialitäten warten in der *Rue des Orfèvres* im Straßburger Münsterviertel auf Sie. Eine elsässische Spezialität ist die Gänseleberpastete. Günstiger als diese edle und teure Delikatesse ist die Entenleberpastete; sie schmeckt etwas rustikaler. Den Tierschützern ein Dorn im Auge ist die *foie gras,* doch die meisten Elsässer sind stolz auf ihre Stopfleber, um deren

> EINKAUFEN

Urheberschaft sie mit der südwestfranzösischen Region Périgord streiten. Die Besonderheit der elsässischen *foie gras* macht eine streng geheim gehaltene Mischung aus rund einem Dutzend Gewürzen aus, in der die Leber im Wasserbad gegart wird. Vor allem an den Feiertagen zum Jahresende gehört Stopfleber für die meisten Franzosen einfach dazu. Freunde asiatischer Artikel werden in den chinesischen oder vietnamesischen Lebensmittelgeschäften auf ihre Kosten kommen. Man findet sie vor allem in Straßburg und Mulhouse.

■ KUNSTHANDWERK & SOUVENIRS

An kunsthandwerklichen Mitbringseln aus dem Elsass bieten sich vor allem Töpferwaren, Schnitzereien, bedruckte Tischtücher und Servietten, Trachtenpuppen und Stickwaren an.

■ MÄRKTE

Auf vielen Wochenmärkten bieten türkische und nordafrikanische Einwanderer Spezialitäten an, entsprechend bunt ist das Ambiente. In Mulhouse herrscht auf dem *Marché du Canal Couvert* jeden Dienstag, Donnerstag und Samstag teilweise orientalische Basaratmosphäre. In Straßburg bietet der Markt am *Boulevard de la Marne* (dienstags und samstags) die größte Auswahl. Fast jedes Wochenende gibt es in einem Dorf einen Flohmarkt (*marché aux puces, bric-à-brac, vide-grenier*). Die Termine können Sie der regionalen Presse entnehmen.

■ WEIN & SPIRITUOSEN ■

Für Deutsche lohnt sich der Einkauf von Wein, Champagner und elsässischen *eaux de vie:* klarer Himbeer-, Mirabellen-, Birnen- oder Kirschgeist. Außer dem großen Angebot in den *hypermarchés* bietet sich vor allem der Kauf direkt beim Winzer oder Brenner an – z. B. in Lapoutroie nahe Kaysersberg bei René de Miscault, wo außerdem das *Musée des Eaux de Vie (85, Rue du Général Dufieux)* über die Kunst des Schnapsbrennens informiert.

> IMPOSANTE BURGEN AUF STEILEN FELSEN

In kleinen Dörfern herrscht Beschaulichkeit, alte Burgen und Ruinen locken als Ausflugsziele

> Wer allzu viel Betriebsamkeit und Touristenrummel meiden will und vor allem Ruhe und Erholung sucht, für den ist das Nordelsass genau das Richtige. Zwischen Rhein und Vogesen zeigt sich das Elsass hier von seiner beschaulichen, verträumten Seite. Im Nordosten, entlang der Rheinebene, erstreckt sich eine flache Riedlandschaft mit malerischen Fachwerkdörfern, die nach Westen, zu den Vogesen hin, zunehmend hügeliger

und grüner wird. Sportlichen Urlaubern bietet diese Region ideale Bedingungen zum Wandern, Reiten und Radfahren. Und romantisch Veranlagte können im Nordelsass eine der beeindruckendsten Burgenketten ganz Europas bewundern: Von Wissembourg bis Sarreguemines in Lothringen folgt eine Burgruine auf die andere – einige sind im Wald versteckt, andere thronen weithin sichtbar auf Felsen.

Bild: La Petite-Pierre

NORD ELSASS

HAGUENAU

Touristen verirren sich nur selten in diese mit 35 000 Ew. viertgrößte Stadt des Elsass. Das auf halbem Weg zwischen Straßburg und Wissembourg an der Moder gelegene Haguenau (dt.: Hagenau) hat in mehreren Kriegen – zuletzt 1944 – viel von seiner alten Bausubstanz verloren. Dennoch lohnt sich ein Bummel durch die belebte Fußgängerzone mit ihren Cafés und Geschäften. Im *Forêt de Haguenau* (Haguenauer Forst) nördlich der Stadt laden Wanderwege zu ausgedehnten Spaziergängen ein. Mit dem *Nautiland* besitzt Haguenau außerdem eines der schönsten Hallenbäder im Elsass.

■ SEHENSWERTES ■

ÉGLISE SAINT-GEORGES

Die im 12. Jh. errichtete Kirche mit gotischer Fassade ist das Überbleibsel

einer mittelalterlichen Abtei. Im acht-
eckigen Turm schwingen die ältesten
Glocken des Elsass, 1268 in Erz gegossen. *Rue Saint-Georges*

MUSÉE ALSACIEN

Im Heimatmuseum sind Trachten und
Gebrauchsgegenstände aus dem 15.
bis 18. Jh., eine typisch elsässische
Inneneinrichtung mit Küche und Stu-

nauer Forst gefunden wurden. *9, Rue
du Maréchal Foch | Juli–Sept. Mi–Fr
10–12 und 14–18, Sa–Di 14–18, Okt.
bis Juni Mi–Fr 10–12 und 14–17.30,
Sa/So 15–17.30 Uhr | 3,20 Euro*

ESSEN & TRINKEN

S' BUEREHIESEL

Gemütliches Restaurant mitten in der
Altstadt, solide Regionalküche. *13,*

Die Place d'Armes bildet mit der angrenzenden Place de la République das Zentrum Haguenaus

be sowie eine alte Töpferwerkstatt zu
sehen. *1, Place Thierry | Mo–Fr 9–12
und 13.30–17.30, Sa/So 14–17 Uhr |
2,40 Euro*

MUSÉE HISTORIQUE

Im Museum sind rund 750 Gegen-
stände aus der Eisen- und Bronzezeit
ausgestellt, die in Gräbern im Hague-

*Rue Meyer | Tel. 03 88 93 30 90 | So/
Mo geschl. | €€*

EINKAUFEN

MARKTHALLE

In der hübschen, alten Markthalle
bieten Bauern aus der Umgebung Di
und Fr vormittags Regionalprodukte
an. *115, Grand'Rue*

> **www.marcopolo.de/elsass**

■ ÜBERNACHTEN ■

EUROPE 🔊

Komfortabel, mit zwei Pools, Sauna und Restaurant. *71 Zi. | 15, Avenue du Professeur René Leriche | Tel. 03 88 93 58 11 | Fax 03 88 06 05 43 | www.europehotel-haguenau.fr | €*

■ AUSKUNFT ■

1, Place de la Gare | Tel. 03 88 93 70 00 | Fax 03 88 93 69 89 | www.ville-haguenau.fr

■ ZIELE IN DER UMGEBUNG ■

RESTAURANT L'ARNSBOURG [118 A2]

30 km nordwestlich finden Sie im Dörfchen *Baerenthal* am Rand der Vogesen diesen originellen Feinschmeckertempel. Dreisternekoch Jean-Georges Klein hat seine Sporen bei Spitzenköchen in Frankreich, Spanien und Japan verdient – entsprechend innovativ und exotisch angehaucht sind seine kulinarischen Kreationen. *Untermuhltal | Tel. 03 87 06 50 85 | Di/Mi geschl. | www.arnsbourg.com | €€€*

BETSCHDORF UND SOUFFLENHEIM [119 D–E 3–4]

15 km östlich bzw. nordöstlich am Rand des Haguenauer Forstes mit seinen Tongruben liegen diese beiden Töpferdörfer. Die blaue, salzglasierte Ware von Betschdorf ist nicht feuerfest, aber wasserdicht. In Betschdorf befindet sich ein kleines *Töpfermuseum (4, Rue de Kuhlendorf | Mitte April–Okt. Mo–Sa 10–12 und 13–18, So 13–18 Uhr | www.betschdorf.com | 3,50 Euro)*. In Soufflenheim wird feuerfestes, bleiglasiertes und mit hübschen Motiven verziertes Kochgeschirr hergestellt. Auf dem alten Friedhof ist eine ==lebensgroße Keramiknachbildung von Leonardo da Vincis „Abendmahl"== zu sehen – das Werk eines örtlichen Töpfers aus dem 19. Jh.

Insider Tipp

MAISON DU VERRE ET DU CRISTAL [117 E3]

40 km nordwestlich von Hagenau in *Meisenthal* erinnert dieses kleine Museum an die Glasbläserkunst in den Nordvogesen, deren Ruf einst dank so glanzvoller Namen wie Lalique, Baccara oder Saint-Louis weit über Frankreichs Grenzen hinausreichte. Der französische Jugendstilkünstler Émile Gallé, dessen Werke heute zu Höchstpreisen gehandelt werden, absolvierte hier von 1867 bis 1870 seine ersten Lehrjahre. Dem Museum ist ein Glaskunstzentrum angeschlossen, in dem renommierte Künstler aus

MARCO POLO HIGHLIGHTS

★ **Haut Barr**
Die Burg bei Saverne bietet einen grandiosen Rundblick (Seite 38)

★ **Saint-Pierre et Saint-Paul**
In Neuwiller-lès-Saverne eine der interessantesten Kirchen des Elsass (Seite 39)

★ **Le Bruch**
Malerisch von der Lauter umspültes mittelalterliches Viertel von Wissembourg (Seite 40)

★ **Burg Fleckenstein**
Beeindruckend thront die Burg auf einem riesigen Sandsteinblock (Seite 42)

dem In- und Ausland ihr Können an Studenten weitergeben. *Place Robert Schuman | Ostern–Okt. Mi–Mo 14 bis 18 Uhr | 6 Euro*

SESSENHEIM [119 E4]

Der deutsche Dichterfürst Johann Wolfgang Goethe kam 1770 nach Straßburg, um Jura zu studieren. Während seines einjährigen Aufenthalts verliebte er sich in die Pfarrerstochter Friederike Brion. Diese Jugendliebe schildert er in „Dichtung und Wahrheit". An die Romanze erinnern in dem 15 km östlich gelegenen Dörfchen, wo Friederike wohnte, ein kleines *Goethe-Memorial* mit Schriftstücken und Abbildungen, ein Hügel namens *Friederikenruh* und eine *Goethe-Eiche,* unter der die Verliebten oft saßen. Der Vogesenclub hat sogar einen Wanderweg auf den Spuren des Dichters ausgezeichnet.

>LOW BUDGET

> Wer unter 35 ist, kann sich von November bis April (außer an Wochenenden) bei einigen Spitzenköchen zum Schnäppchenpreis laben. Adressen, Menüs und Preise unter *www. formule-jeunes.com*.

> Billig übernachten in einem Schloss? Die *Jugendherberge in Saverne (Tel. 03 88 91 14 84 | saverne@fuaj.org)* machts möglich: Sie ist im Château des Rohan untergebracht.

> Der *Parc des Vosges du Nord (www. parc-vosges-nord.fr)* lädt vor allem im Sommer zu kulturellen Veranstaltungen, Wanderungen und Kochkursen ein – zu ausgesprochen niedrigen Tarifen bzw. ganz kostenfrei.

SAVERNE

[117 E5] **Schon Goethe und sein französischer Kollege Victor Hugo haben die schöne Lage des Städtchens Saverne (11 500 Ew.) besungen.** Das vom Rhein-Marne-Kanal durchquerte ehemalige Zabern liegt am Eingang des Zorntals am Rand des Naturparks Nordvogesen. Der Ort war wegen seiner günstigen Lage an der schmalsten und niedrigsten Stelle der Vogesen bereits zur Römerzeit eine wichtige Etappe auf dem Weg vom Rhein nach Lutetia (Paris). Heute ist Saverne – verkehrsgünstig an der Autobahn und der Zugstrecke Straßburg–Paris gelegen – ein reger und lebendiger Ort, der es verstanden hat, Industrie (Werkzeugbau, Elektronik, Brauereien) anzusiedeln, ohne dabei seinen kleinstädtischen Charme zu verlieren.

Einen Eindruck von der Stadt verschaffen Sie sich bei einem Bummel über die Grand'Rue, die Haupteinkaufsstraße mit einer Reihe historischer Häuser, hinunter zur Basse Ville, der Unterstadt. In diesem Viertel gibt es noch einen Teil der alten Stadtmauer und einen der ehemals 52 Stadttürme am Ufer der Zorn. Schöne, alte Häuser finden Sie außerdem in der Rue des Églises, der Rue des Pères und der Rue des Frères.

■ SEHENSWERTES

CHÂTEAU DES ROHAN

Hauptattraktion von Saverne ist das Schloss, die ehemalige Residenz der durch die Reformation vertriebenen Straßburger Fürstbischöfe, wegen seiner klassizistischen Form auch „elsässisches Versailles" genannt. Das heutige Gebäude mit seiner imposanten, 140 m langen, säulenverzierten Fassade zum Park ließ der für seinen verschwenderischen Lebensstil bekannte Bischof Louis-René-Edouard Rohan nach dem Vorbild von Schloss Wilhelmshöhe bei Kassel neu auf-

der Merowingerzeit, außerdem eine Sammlung mit Dokumenten über Louise Weiss, eine Frauenrechtlerin, Widerstandskämpferin, Journalistin und Europaabgeordnete aus dem Elsass. *Place du Général-de-Gaulle*

Das Schloss von Saverne leuchtet in rotem Vogesensandstein

bauen, nachdem die alte Bischofsresidenz 1779 in Flammen aufgegangen war.

Heute sind in dem majestätischen Gebäude aus rötlichem Vogesensandstein die Jugendherberge und das *Musée Municipal (Mitte Juni–Mitte Sept. Mi–Mo 10–12 und 14–18 Uhr, Mitte Sept.–Mitte Juni Mi–Fr und Mo 14 bis 18, Sa/So 10–12 und 14–18 Uhr | 2,50 Euro)* für die Öffentlichkeit zugänglich. Zu sehen sind vor allem gallorömische Funde wie Grabsteine, Exponate aus der Vorgeschichte und

ÉGLISE DES RÉCOLLETS

Die Kirche gehörte im 14. Jh. zu einem Augustinerkloster, das später von Franziskanern übernommen wurde. Ihre einfache Innenausstattung entspricht der Philosophie des Bettelordens. An der Nordfassade befindet sich einer der schönsten gotischen Kreuzgänge des Elsass. *Rue Poincaré*

MAISON KATZ

Das 1605 fertiggestellte ehemalige Domizil des bischöflichen Steuereinnehmers Henri Katz mit reich ge-

schnitzten Fachwerkbalken und zwei-
stöckigem Erker ist eines der schönsten Renaissancehäuser im Elsass.
Heute beherbergt es ein beliebtes
🔊 Restaurant *(Tel. 03 88 71 16 56 |
tgl. | www.tavernekatz.com | €€). 80,
Grand'Rue*

NOTRE-DAME DE LA NATIVITÉ

Die katholische Pfarrkirche wurde
vom 12. bis 15. Jh. errichtet. Roma-
nisch sind das Portal und der quadra-
tische Glockenturm, Schiff und Chor
sind bereits gotisch. Sehenswert im
Inneren Fresken aus dem Jahr 1596,
die Skulptur „Das Leiden Christi" des
Augsburger Bildhauers Hans Dau-
cher (1523) sowie die reich verzierte
Kanzel (1495). An die Westfassade
grenzt ein kleiner Garten. Dort finden
sich noch einige Sarkophage aus der
Merowingerzeit. *Rue du Tribunal*

ROSERAIE

Dem um 1900 angelegten Rosengar-
ten mit über 8000 Rosenstöcken von
über 550 verschiedenen Arten ver-
dankt Saverne den Beinamen „Rosen-
stadt". Jedes Jahr im Juni findet hier
ein großes Rosenfest statt. *Rue de
Paris | Juni–Mitte Sept. tgl. 10–19
Uhr | 2,50 Euro | roseraie-saverne.fr*

◼ ESSEN & TRINKEN

LE CLOS DE GARENNE 🔊

Drei Autominuten vom Zentrum in
einem hübschen Park. Bodenständige
Winstubkarte und gepflegte traditionelle Küche mit Produkten der Sai-
son. Wochentags günstiger Mittags-
tisch. Zum Restaurant gehört ein
Hotel *(€– €€)* mit 14 Zimmern. *88,
Rue du Haut Barr | Tel. 03 88 71 20 41
| Di-Abend, Mi-Mittag und Sa-Mit-*

tag *geschl. | www.closgarenne.com |
€€– €€€*

ZUM STAEFFELE

Die gemütliche Winstub liegt gegenüber dem Rohan-Schloss. Gute elsässische Küche, originelle Fischgerich-
te und köstliche Nachspeisen. Reser-
vieren! *1, Rue Poincaré | Tel.
03 88 91 63 94 | Do-Mittag, So-Abend
und Mi geschl. | €€*

◼ EINKAUFEN

Feinkostläden und Souvenirgeschäfte
konzentrieren sich in der *Grand'Rue*.
Köstliche Kuchen gibt es bei *Boistelle
(Nr. 92)*. Ein besonderes Mitbringsel
finden Sie beim Konditor *Jacques
Bockel (Nr. 77)*: Erotikszenen aus
dem Kamasutra, in feine Schokolade
gegossen. Gute hausgemachte Prali-
nen bietet die Konditorei *Haushalter
(Nr. 66–68)* an. Donnerstagvormittags
ein bunter *Wochenmarkt* auf dem
Schlossplatz *(Place du Général-de-
Gaulle)*.

◼ ÜBERNACHTEN

CHEZ JEAN

In einem ehemaligen Kloster sind
jetzt 25 modern und funktional ein-
gerichtete Hotelzimmer, ein gutes
Restaurant und eine Winstub unter-
gebracht. *3, Rue de la Gare | Tel.
03 88 91 10 19 | Fax 03 88 91 27 45 |
www.chez-jean.com | €€*

HOTEL EUROPE 🔊

28 komfortable Zimmer, einige mit
Massagebadewanne. Großzügiges
Frühstücksbuffet, guter Service, zent-
rale Lage. *7, Rue de la Gare | Tel.
03 88 71 12 07 | Fax 03 88 71 11 43 |
www.hotel-europe-fr.com | €€*

LA VILLA KATZ

Ruhiges, familiäres Hotel am Rand des Zentrums. Zu der geschmackvoll restaurierten Jugendstilvilla mit sieben komfortablen Zimmern gehört ein kleines Restaurant *(So-Abend geschl. | €€–€€€)*, das bürgerliche französische Küche zubereitet. *42, Rue du Général Leclerc | Tel. 03 88 71 02 02 | Fax 03 88 71 80 30 | www.villakatz. com | €–€€*

AM ABEND

Sehr viel ist in Saverne abends nicht los. Im *Petit Rohan (6, Place du Général-de-Gaulle)* kann man bis Mitternacht ein Glas trinken. An Sommerabenden ist der *Schlossplatz* ein beliebter Treffpunkt.

AUSKUNFT

37, Grand'Rue/Place du Général-de-Gaulle| Tel. 03 88 91 80 47 | Fax 03 88 71 02 90 | www.ot-saverne.fr

ZIELE IN DER UMGEBUNG

BOUXWILLER   [117 F4]

Das 3700 Ew. zählende Städtchen liegt gut 15 km nordöstlich abseits der Touristenströme. Den Reiz des Orts machen seine kleinen Gässchen und die alten Fachwerkhäuser mit ihren schönen Giebeln, Erkern und den malerischen Innenhöfen aus. Im Rathaus, einem Renaissancebau aus dem 17. Jh., ist ein kleines *Heimatmuseum (Juli–Sept. Di–Fr und So 14 bis 18, Sa 14–17, Okt.–Juni Di–So 14–17 Uhr)* untergebracht. Ein ==jüdisches Museum== *(62, Grand'Rue | gleiche Öffnungszeiten)* in einer ehemaligen Synagoge berichtet über die jahrhundertealte Geschichte der Juden im Elsass. Ein beliebter Spaziergang

In den Sandstein gegraben: die Höhlenhäuser im Dörfchen Graufthal

führt zum 326 m hohen *Bastberg* 3 km außerhalb, wo im Mittelalter die Hexen ihr Unwesen getrieben haben sollen.

Ausgezeichnet essen können Sie in der *Winstub La Ferme Suzel (3, Rue des Vergers | Tel. 03 88 03 30 80 | Mo/ Di und außer Sa/So mittags geschl. | €€)* im 7 km entfernten *Ringendorf*. Der liebevoll eingerichtete Speisesaal gleicht einem kleinen Heimatmuseum, und Wirtin Odette Jung empfängt ihre Gäste mit großer Herzlichkeit. Reservieren!

GRAUFTHAL   [117 D4]

Gut 15 km nordwestlich bietet dieses Dörfchen eine Kuriosität: die einzigen ==Höhlenhäuser== Ostfrankreichs. Die in einen Sandsteinfelsen gegrabenen Höhlen dienten im Mittelalter als Lagerstätte. Ab dem 18. Jh. wurden sie von armen Leuten als einfache Behausungen genutzt. In den Achtzigerjahren wurde die Felsenwohnung von einem Verein renoviert. *Ostern–Juni und Sept. So, Juli/Aug. tgl. 14–18.30 Uhr | 2 Euro*

Gepflegt essen können Sie gleich gegenüber im *Cheval Blanc (19, Rue Principale | Tel. 03 88 70 17 11 | Mo-Abend, Mi-Abend und Di geschl. | www.auchevalblanc.net | €€)*, bei gutem Wetter auch auf der Terrasse. Wochentags günstiger Mittagstisch.

HAUT BARR ★ **[117 E5]**
Die imposante *Burgruine* im Süden der Stadt wurde vom 14. bis 16. Jh. in 458 m Höhe auf drei Felsen errichtet, die durch Stege miteinander verbunden sind. Sie war Sommerresidenz der Straßburger Bischöfe, bis sie 1648 von den Franzosen geschleift wurde. Heute ist die im 18. Jh. notdürftig restaurierte Ruine ein beliebtes Ausflugsziel. Das dazugehörige *Restaurant (Do-Abend und Mo geschl. | Tel. 03 88 91 17 61 | €€–€€€)* hat eine Terrasse mit schönem Blick über die Nordvogesen und die lothringische Seenplatte. Preis-Leistungs-Verhältnis und Service lassen aber leider zu wünschen übrig.

JARDIN BOTANIQUE **[117 E5]**
Der Botanische Garten mit seinen rund 2000 zum Teil seltenen Pflanzen liegt knapp 4 km außerhalb von Saverne auf halbem Weg zur Zaberner Steige. *Mai–Aug. tgl. 10–18, April und Sept. Sa/So 14–18 Uhr | 2,50 Euro | http://jardin-botanique-saverne.org*

KIRRWILLER **[117 F4]**
Das 460-Seelen-Dorf gut 20 km nordöstlich beherbergt ein Revuetheater mit über 900 Plätzen und einer hochmodernen Drehbühne, das es an Professionalität durchaus mit ein-

Burgruine Haut Barr: beliebtes Ausflugsziel mit schönem Restaurant

schlägigen Pariser Bühnen aufnehmen kann. Wer das Las Vegas in den Vogesen erleben will, muss rechtzeitig buchen – die *Adam Meyer Music Hall* ist oft ausgebucht. *Tel. 03 88 70 71 81 | Fax 03 88 71 31 95 | www.royal-palace.com | 41–84 Euro (mit üppigem Menü)*

NEUWILLER-LÈS-SAVERNE [117 E4]

In diesem Ort gut 10 km nördlich finden Sie eine der interessantesten Kirchen des Unterelsass: Die vom 11. bis 13. Jh. erbaute ehemalige Abteikirche ⭐ *Saint-Pierre et Saint-Paul (5, Place de l'Église)* vereinigt eine Vielfalt von Baustilen in sich. Sehenswert ist vor allem eine um 1050 erbaute, aus zwei übereinander liegenden dreischiffigen Räumen bestehende Doppelkapelle. In der oberen Kapelle befinden sich vier prachtvolle Wandteppiche, die das Leben des Ortsheiligen Adelphus illustrieren. Für die Besichtigung der Wandteppiche im Pfarrhaus gegenüber nachfragen.

SAINT-JEAN-SAVERNE [117 E5]

Auf einer Anhöhe knapp 5 km nördlich liegt Saint-Jean-Saverne mit seinen alten, blumengeschmückten Häusern und einem Friedhof mit schönen barocken Kreuzen. Von einer 1127 gegründeten *Abtei* ist eine besonders schöne romanische Kirche erhalten, ein Bau aus dem 12. Jh. von seltener architektonischer Harmonie.

LA PETITE-PIERRE [117 E4]

Das 20 km nördlich in 380 m Höhe in den Vogesen gelegene ehemalige Lützelstein ist ein beliebter Fremdenverkehrsort mit mehreren komfortablen Hotels. Der alte Dorfkern und die *Burgruine Lützelstein* liegen malerisch auf einem Fels. Wanderer und Erholungsbedürftige finden in dem 700-Seelen-Dorf, was ihr Herz begehrt: Ruhe, schöne Landschaft, gute Luft und viel Wald. La Petite-Pierre ist auch Verwaltungssitz des Naturparks Nordvogesen. Besonders schön ist das etwas außerhalb am Waldrand gelegene Hotel 🔊 *La Clairière (63, Route d'Ingwiller | Tel. 03 88 70 41 05 | www.la-clairiere.com | €€€)*, das 2007 als erstes Etablissement in Frankreich das Label „Biohotel" erhalten hat. Es verfügt über 50 komfortable Zimmer, einen großen Wellnessbereich mit Pool, Sauna, Solarium und Massagen und bietet Yogakurse und natürlich Biokost an.

Insider Tipp

WISSEMBOURG

[119 D1–2] **Wissembourg (8000 Ew., dt.: Weißenburg), die nördlichste Stadt des Elsass, liegt in einer anmutig-sanften Landschaft am Fuß der Vogesen direkt an der Grenze zur Pfalz.** In den letzten Jahren haben sich viele Deutsche in Wissembourg und Umgebung niedergelassen. Sprachprobleme gibt es kaum: Im Nordelsass spricht noch eine Mehrheit der Bevölkerung den südrheinfränkischen Dialekt, der für Deutsche besser zu verstehen ist als das Alemannische im südlichen Elsass. Die Stadt hat trotz mehrfacher Zerstörung viel von ihrem mittelalterlichen Charakter bewahrt. Mehrere Arme der Lauter durchfließen Wissembourg, und um die Stadt zieht sich der noch weitgehend intakte Verteidigungswall aus dem 18. Jh., ein beliebter Spazierweg. Auf bequeme

Weise können Sie Wissembourg mit dem kleinen *Touristenzug (Abfahrt am Fremdenverkehrsbüro | 14, 15, 16 und 17 Uhr | 5 Euro)* entdecken.

■ SEHENSWERTES

LE BRUCH ★

Das malerische, von der Lauter umspülte Viertel ist schon im 15. Jh. entstanden. Schöne Bürgerhäuser aus dem 15.–17. Jh. säumen den Fluss an beiden Ufern. An der Westseite des Viertels befindet sich der *Husgenossen-Turm* aus dem Jahr 1420.

ÉGLISE SAINT-JEAN

In dieser protestantischen Kirche erläuterte einst Martin Butzer (1491 bis 1551) die Thesen der Reformation, und 1725 wurde hier die Heirat Ludwigs XV. mit der im Wissembourger Exil lebenden polnischen Königstochter Maria Leszczyński verkündet. Der romanische Turm stammt aus dem 13. Jh. *Rue du Presbytère*

ÉGLISE SAINTS PIERRE ET PAUL

Auf den Resten der 1074 geweihten Abteikirche entstand im 13. Jh. aus rosa Vogesensandstein die nach dem Münster in Straßburg zweitgrößte gotische Kirche des Elsass. Sehenswert sind innen die prachtvollen Glasfenster aus dem 12. und 13. Jh., Fresken aus dem 15. Jh. sowie eine 11 m hohe Statue des heiligen Christophorus, des Schutzpatrons der Reisenden. Zur Kirche gehört einer der besonders sehenswerten Kreuzgänge am Oberrhein, der allerdings nur aus einem Flügel besteht, weil er nie fertiggestellt wurde. *Avenue de la Sous-Préfecture*

MAISON DE L'AMI FRITZ

Dieses Renaissancehaus aus der Mitte des 16. Jhs. mit wunderschönem Giebel im Bruchviertel diente als Kulisse für den 1932 entstandenen Film über den Romanhelden „Ami Fritz". Es liegt nördlich von der Kirche Saints Pierre et Paul an der Lauterbrücke.

MAISON DU SEL

Das 1430 erbaute „Salzhaus" mit seinem imposanten dreistöckigen Dach am Pont du Sel war das erste Krankenhaus der Stadt. Später diente es als Salzspeicher und Schlachthaus. *Rue du Marché-aux-Poissons*

QUAI ANSELMANN

Der an einem der Lauterarme gelegene Quai mit seinen Häusern aus dem 15. und 16. Jh. ist ein schönes Fotomotiv. Eines seiner herausragenden Gebäude ist die *Maison Vogelsberger* (1540), heute eine Schule.

■ ESSEN & TRINKEN

L'ANGE

In einem malerisch an der Lauter gelegenen Gebäude aus dem 15. Jh. brutzelt Küchenchef Pierre Ludwig, der beim Straßburger Sternekoch Antoine Westermann gelernt hat, exquisite Gerichte. Er bietet auch Kochkurse für kleine Gruppen an. *2, Rue de la République | Tel. 03 88 94 12 11 | Mo/Di geschl. | www.restaurant-ange. com | €€–€€€*

LE CARROUSEL BLEU

Originelle Saisonküche, die Sie bei schönem Wetter auf der Terrasse genießen können. *17, Rue Nationale | Tel. 03 88 54 33 10 | Mo und Mi geschl. | www.le-carrousel-bleu.fr | €€*

Nie zu Ende gebaut: der einflügelige Kreuzgang in Wissembourgs Peter-und-Paul-Kirche

AU PETIT DOMINICAIN

Schmackhafte Regionalküche, günstiger Mittagstisch, freundlicher Service. *36, Rue Nationale | Tel. 03 88 94 90 87 | Mo/Di geschl. | € – €€*

AUBERGE DU CHEVAL BLANC

Auch nach dem Besitzerwechsel 2008 ist der Gourmettempel 15 km westlich in Lembach eine Reise wert. Der junge Küchenchef Pascal Bastian hat bereits den ersten Michelinstern erhalten. Einfacher, aber auch erstklassig, isst man in der dazugehörenden *Winstub (tgl.).* Ein Hotel bietet sechs Zimmer, jedes mit Massagewanne, Sauna und Hamam. *4, Route de Wissembourg | Tel. 03 88 94 41 86 | www.au-cheval-blanc.fr | Fr-Abend, Mo und Di geschl. | €€€*

À LA VIGNETTE

Gemütliches Brauereigasthaus mit einfacher Hausmannskost. Günstiger Mittagstisch, abends bis 22 Uhr geöffnet. *17, Rue du Marché-aux-Poissons | Tel. 03 88 94 17 64 | Do geschl. | €*

■ EINKAUFEN

Ein Abstecher nach Wissembourg lohnt schon allein wegen der *Konditorei Rebert (7, Place du Marché-aux-Choux).* Sehr gute Kuchen werden in der *Konditorei Criqui-Matern (6, Rue de la République)* gebacken. Samstagvormittags schöner *Wochenmarkt* auf der Place de la République mit Regionalprodukten frisch vom Bauernhof.

■ ÜBERNACHTEN

LA COURONNE

In einer ehemaligen Poststation aus dem 18. Jh. ist dieses gemütliche Hotel mit dazugehörigem Restaurant (€ – €€) untergebracht. Von einigen der zehn Zimmer schaut man im

Grandiose Aussicht: Felsen der Ruine Fleckenstein in den Nordvogesen

geschl. | €€– €€€), das gepflegte Regionalküche anbietet. 16 Zi. | 3, Rue du Sel | Tel. 03 88 94 00 16 | Fax 03 88 54 38 28 | www.hostellerie-cygne.com | €

AU MOULIN DE LA WALK

An eine alte Mühle angebaut wurde dieses Hotel in ruhiger Lage. Etwas nüchterne, aber komfortable Zimmer, freundlicher Empfang. Im Restaurant (So-Abend, Fr-Mittag und Mo geschl. | €€) mit schöner Terrasse wird klassische französische Küche serviert. 25 Zi. | 2, Rue de la Walk | Tel. 03 88 94 06 44 | Fax 03 88 54 38 03 | www.moulin-walk.com | €–€€

AM ABEND

Im Kulturzentrum Relais Culturel (Rue des Écoles) finden häufig Musik- und Theateraufführungen statt. Für ein Gläschen Wein am Abend empfiehlt sich die Taverne de la Petite Venise an der Place de la République. Die Place du Saumon an der Lauter ist vor allem an milden Sommerabenden ein beliebter Treffpunkt.

AUSKUNFT

9, Place de la République | Tel. 03 88 94 10 11 | Fax 03 88 94 18 82 | www.ot-wissembourg.fr

ZIELE IN DER UMGEBUNG

BURG FLECKENSTEIN ★ ☀ [118 C1]

Die wohl imposanteste der nordelsässischen Burgen aus dem 12. Jh. thront knapp 20 km westlich von Wissembourg im Naturpark Nordvogesen auf einem riesigen Felsen. In einer „Rätselburg" genannten, dreistündigen Schnitzeljagd können Besucher spielerisch das Mittelalter erkunden. Eine

Dezember direkt auf den traditionellen Weihnachtsmarkt. 12, Place de la République | Tel. 03 88 94 14 00 | Fax 03 88 94 14 27 | www.couronne-wissembourg.com | €

HOSTELLERIE DU CYGNE

In dem Haus in der Stadtmitte mit 16 heimeligen Zimmern machten schon im 15. Jh. die Postkutscher Halt. Dazu gehört ein alteingesessenes Restaurant (Do-Mittag, So-Abend und Mi schöne Rundwanderung führt zu den benachbarten *Ruinen Hohenburg* und *Loewenstein. Sommer tgl. 10–18, sonst 10–17 Uhr | 2,40 Euro, Rätselburg 9,50 Euro | www.fleckenstein.fr*

LIGNE MAGINOT [118–119 C–D 2–3]

Die von den Franzosen nach dem Ersten Weltkrieg errichtete, gigantische Befestigungsanlage ist heute eine Touristenattraktion. Unweit von Wissembourg kann man bei *Schœnenbourg* und bei *Lembach* einen Teil der Befestigungswerke besichtigen. 30 m unter der Erde wurden hier regelrechte Wehrstädte mit kilometerlangen Gängen, Gefechtsständen, Funkanlagen, Schlafsälen, Mannschaftsküchen und einem Lazarett angelegt. *Four à chaux in Lembach Führungen Mai–Sept. tgl. 10.30, 14, 15 und 16, März/April und Okt./Nov. 14 und 15, Dez.–Feb. Sa/So 14.30 Uhr | 5,50 Euro; Fort de Schœnenbourg Mai–Sept. Führungen tgl. 14 und 16, So außerdem 9.30 und 11 Uhr, April und Okt. nur Sa/So, 7 Euro | www.lignemaginot.com*

MERKWILLER-PECHELBRONN [119 D3]

In dem unscheinbaren Dorf 20 km südwestlich floss bis in die 1960er-Jahre Erdöl. An das Pechelbronner Ölzeitalter erinnert das kleine *Musée du Petrole (1, Rue des Écoles | April bis Okt. Do und So 14.30–18 Uhr | 4 Euro| www.musee-du-petrole.com).* Wenige Autominuten entfernt informiert in *Kutzenhausen* das Freilichtmuseum *La Maison Rurale (April bis Sept. Di–Fr 10–12 und 14–18, So, Juli/Aug. auch Sa 14–18 Uhr | 4,50 Euro)* über das bäuerliche Leben im Elsass um die vorletzte Jahrhundertwende.

NIEDERBRONN-LES-BAINS [118 B3]

Der Kurort gut 30 km südwestlich besitzt das einzige elsässische *Spielkasino*. Gut essen und angenehm übernachten können Sie im *Hôtel du Parc/Restaurant Alexain (40 Zi. | 33, Rue de la République | Tel. 03 88 09 01 42 | Fax 03 88 09 05 80 | parchotel1@ orange.fr | €).*

SIMSERHOF [117 E1–2] Insider Tipp

Gut 50 km westlich wurde bei Bitche-Siersthal in einem der größten Artilleriebauwerke der Ligne Maginot ein Museum eröffnet: Eine kleine Bahn führt Sie in den unterirdischen Simserhof, den 1940 Hunderte französische Soldaten einen Monat lang gegen die deutschen Angreifer verteidigten. Dank Spezialeffekten und 3-D-Filmen können Sie den Alltag der Soldaten unter den Artillerieangriffen nachempfinden. *15. März–15. Nov. tgl. 10–17 (Juli/Aug. bis 18) Uhr | 12 Euro | www.simserhof.fr*

Heilquellen und Spielkasino: Niederbronn zeigt das andere Gesicht des Elsass

> ELSÄSSISCHE METROPOLE UND EUROPASTADT

Zu Recht stolz auf ihre Vergangenheit, gibt sie sich zugleich betont modern

 KARTE IN DER HINTEREN UMSCHLAGKLAPPE

> „Carrefour de l'Europe" – Schnittpunkt Europas, so wird Straßburg [121 F2] in Werbeprospekten genannt. Ein Kreuzpunkt ist die Stadt in der Tat.

Hier fühlt man sich beim Espresso im Boulevardcafé ganz wie in Frankreich und im Gasthaus bei einem Schoppen Wein oder einem frisch gezapften Bier – fast – wie zu Hause. Deutsche und Franzosen, unter deren Herr-schaft Straßburg (frz.: Strasbourg) abwechselnd stand, haben die Stadt geprägt. Heute begegnen sich in Straßburg neben Tausenden von Touristen auch regelmäßig Politiker aus Europa, denn seit 1949 ist die Elsass-metropole Sitz des Europarats. Außerdem ist Straßburg Tagungsort des Europaparlaments der EU, das sich hier zu seinen monatlichen Plenarsitzungen trifft. Dann reisen mehr als 2000 Abgeordnete, Parlamentsange-

Bild: Blick auf Straßburg vom Turm des Münsters

STRASSBURG

stellte und Dolmetscher an, belegen die Hotels und bevölkern die Restaurants.

Nicht alle der 28 000 hier lebenden Ausländer (von denen die Türken mit 14 000 die größte Gruppe bilden) sind so wohl gelitten wie die Beamten des Europarats oder die Europaabgeordneten: Bei Wahlen verbuchen der rechtsextremistische französische Front National und sein regionaler Ableger L'Alsace d'abord („Das Elsass zuerst") in Straßburg und Umgebung regelmäßig mehr als zehn Prozent der Stimmen. Ihr gutes Abschneiden verdanken sie vor allem der wachsenden Angst vieler Franzosen um ihre Ruhe und Sicherheit – und Straßburg macht da keine Ausnahme. Die wohlhabende, bürgerlich geprägte Elsassmetropole sorgt nämlich immer wieder für Schlagzeilen. In einigen Problemvierteln am Rand der Stadt grassieren Arbeitslosigkeit und soziale Ausgrenzung. Immer häufiger entladen sich in diesen Plattenbaughettos Spannungen und Frustrationen in gewaltsamen Ausschreitungen.

Straßburg ist stolz auf seine Geschichte, gibt sich aber gleichzeitig resolut modern. So bemüht sich die

Grün in der Großstadt: Bummel auf der Uferpromenade an der Ill

Stadt um den Ausbau ihres Technologiezentrums, wo inmitten von Hightechunternehmen die International Space University künftige Weltraumspezialisten ausbildet. Seit sich 2009 die drei Straßburger Universitäten zusammenschlossen, besitzt die Elsassmetropole die mit 41 000 Studenten und über 5000 Dozenten größte Hochschule Frankreichs. Ein

denkmalgeschütztes Gebäude im historischen Viertel Petite France beherbergt außerdem die berühmte Eliteverwaltungshochschule ENA. Mehrere sehenswerte Museen, die Rheinoper und das Théâtre National de Strasbourg sowie renommierte Festivals machen Straßburg auch zu einem Zentrum für Kultur. Außerdem ist die Europastadt Sitz des Kulturkanals Arte.

■ SEHENSWERTES

Beim Office du Tourisme gibt es für 11,90 Euro den drei Tage gültigen Strasbourg-Pass, der den Besuch eines Museums und des Münsters, eine Bootsfahrt, ein Leihrad für einen Tag sowie verschiedene Preisnachlässe einschließt. Ein Museumspass kostet für einen Tag 8, für drei Tage 10 Euro. Für Jugendliche unter 18 Jahren sind die Museen kostenlos, außerdem ist der Eintritt für alle an jedem ersten Sonntag des Monats frei. Die meisten Museen sind am 1. Jan., Karfreitag, 1. Mai, 1. Nov., 11. Nov. und 25. Dez. geschlossen.

ANCIENNE DOUANE [U C5]

Im „Alten Kaufhüs" an der Rabenbrücke wurden im Mittelalter Waren gelagert. Das Gebäude wurde im Zweiten Weltkrieg bei einem Bombenangriff zerstört und 1956 originalgetreu wieder aufgebaut. Heute beherbergt es ein Restaurant mit Terrasse zur Ill. *6, Rue de la Douane*

CATHÉDRALE NOTRE-DAME (STRASSBURGER MÜNSTER) ★ [U C4]

Zum Münster führen in Straßburg zwar alle Wege – am überwältigendsten ist der Eindruck aber, wenn Sie sich der Kathedrale durch die Rue Mercière (Krämergasse) nähern. Diese führt direkt auf die prachtvolle Westfassade mit der 16-blättrigen Rosette (Durchmesser 14,5 m) über dem mittleren Portal zu. Die reich verzierte Schauseite des Münsters spiegelt die Baukunst dreier Jahrhunderte (1176–1439) wider, von der Frühromanik bis zur Spätgotik. Über der Rosette befindet sich in 66 m Höhe eine  Plattform, zu der 332 Stufen führen. Die Mühe lohnt, denn von da hat man einen herrlichen Blick über die Stadt und ihre Umgebung.

Im Inneren sind vor allem der Engelspfeiler mit seiner Darstellung des Jüngsten Gerichts, die Kanzel und die 71 Glasfenster aus dem 12.–15. Jh. sehenswert. Interessant ist auch die 18 m hohe *astronomische Uhr*, die täglich um 12.30 Uhr in Betrieb bewundert werden kann *(Eintritt 2 Euro)*. Ein außergewöhnliches Erlebnis bietet das Münster zum Frühlingsanfang am 20. März – falls im richtigen Moment, vormittags, die Sonne scheint: Dann bildet die durch eine ganz bestimmte Stelle an einem Fenster der Südfassade einfallende Sonne einen grünen Strahl, der unmittelbar über dem Haupt Christi den Baldachin der Kanzel aufleuchten lässt und damit den Augenblick der Tag-und-

Prachtvoll: Westportal des Münsters

Nacht-Gleiche angibt. Das 1984 von einem Straßburger Geometer entdeckte Phänomen dauert 20 Minuten und ist anschließend noch an fünf Tagen zu sehen. *Place de la Cathédrale | Tgl. 7–11.20 und 12.35–19 Uhr, Turmbesteigung tgl. 9–19.30, Juni/Juli Sa/So Aug. tgl. bis 22 Uhr | 5 Euro | www.cathedrale-strasbourg.fr*

MARCO POLO HIGHLIGHTS

★ **Cathédrale Notre-Dame**
Das berühmte Münster ist ein Muss
(Seite 46)

★ **Europaparlament**
Ein lichtdurchfluteter, futuristischer Glaspalast (Seite 50)

★ **Musées du Château des Rohan**
Die Museen im Schloss lohnen schon allein den Besuch in Straßburg (Seite 49)

★ **Petite France**
Brücken, Stege, Mühlen: das Gerberviertel im Delta der Illkanäle (Seite 52)

CHÂTEAU DE POURTALÈS [0]

Das Schlösschen mit schönem Park am Rand des gutbürgerlichen Wohnviertels Robertsau wird von den Straßburgern gern als Ziel für den Sonntagsspaziergang gewählt.

ÉGLISE SAINT-THOMAS [U B5]

Das zweitgrößte Gotteshaus Straßburgs ist eine der herausragenden gotischen Kirchen im Elsass. Von außen besticht sie durch ihren strengen, mächtigen Gesamteindruck, im Inneren birgt sie ein Musterbeispiel der barocken Skulpturkunst in Frankreich: ein Denkmal für Moritz von Sachsen, der ab 1720 auf französischer Seite kämpfte, hergestellt von Jean-Baptiste Pigalle im Auftrag Ludwigs XV. An der von Andreas Silbermann 1740 fertiggestellten Orgel hat Albert Schweitzer oft gespielt, um Geld für seine Klinik zu sammeln. Auch Mozart gab hier 1778 ein Konzert. Noch heute finden in der seit 1549 protestantischen Kirche häufig Orgelabende statt. *Place Saint-Thomas | April–Okt. tgl. 10–12 und 14–18, Nov./Dez. und Feb./März tgl. 10–12 und 14–17 Uhr*

MAISON KAMMERZELL [U C4]

Mit seiner prachtvollen, mit zahlreichen symbolhaften Holzschnitzereien verzierten Fachwerkfassade ist es das wohl meistfotografierte Patrizierhaus Straßburgs. Heute beherbergt das 1467 erbaute und 1571 erweiterte Gebäude am Münsterplatz auf zwei Stockwerken ein *Restaurant (Tel. 03 88 32 42 14 | www.maison-kammerzell.com | tgl. €€–€€€)* mit sehr guter Küche. Über eine Wendeltreppe aus dem 16. Jh. gelangen Sie ins dazugehörige Hotel *(€€)* im dritten und vierten Stock mit neun modern und geschmackvoll eingerichteten Zimmern. *16, Place de la Cathédrale*

MUSÉE ALSACIEN [U C5]

Liebevoll eingerichtetes Museum für volkstümliche Kunst und Brauchtum in drei malerischen Häusern aus dem 17. und 18. Jh. Es enthält Zeugnisse des bäuerlichen Lebens im Elsass des 18. und 19. Jhs. *23, Quai Saint-Nicolas | Mi–Fr und Mo 12–18, Sa/So 10–18 Uhr | 5 Euro*

>LOW BUDGET

> Preisgünstig übernachten können Sie im Jugendzentrum *Ciarus (7, Rue Finkmatt | Tel. 03 88 15 27 88 | Fax 03 88 15 27 89 | ciarus@ciarus.com | €)* mit seinen 101 Zimmern, darunter auch einige Einzelzimmer. In der dazugehörigen Cafeteria können Sie sehr preiswert essen – auch wenn Sie nicht im Hotel wohnen.

> Viele Bäckereien bieten zur Mittagszeit Sandwiches, Salate oder auch Pizzaportionen zum Mitnehmen an. Besonders lecker: *Aux Saveurs des Senteurs (16, Rue du 22 Novembre)*.

> In der Kneipe *L'Épicerie (6, Rue du Vieux Seigle | Tel. 03 88 32 52 41)* gibt es belegte Brote in allen Variationen.

> Schüler und Studenten treffen sich gerne bei *Flam's (29, Rue des Frères | Tel. 03 88 36 36 90)*, wo es Flammekueche zu konkurrenzlos niedrigen Preisen gibt. Vegetarier können sich günstig im *Poêles de Carottes (2, Place des Meuniers | Tel. 03 88 32 33 23)* verköstigen.

MUSÉE D'ART MODERNE ET CONTEMPORAIN [U A5]

Am Rand der Petite France lädt das Museum für moderne und zeitgenössische Kunst zu einem Rundgang durch fast 130 Jahre künstlerischen

herrlichen Blick auf das Viertel Petite France. Sonntags ab 10 Uhr **Brunch-buffet**. Wer dort essen will, braucht keine Eintrittskarte. *1, Rue Jean Arp | Di, Mi und Fr 12–19, Do 12–21, Sa/So 10–18 Uhr | 6 Euro*

Insider Tipp

Ein halbes Jahrtausend alt ist die üppig mit Schnitzereien verzierte Maison Kammerzell

Schaffens ein – von der Gründerzeit bis zur Gegenwart. Der avantgardistische Bau des Pariser Architekten Adrien Fainsilber beherbergt Werke weltbekannter Maler wie Pablo Picasso, Gustav Klimt, Claude Monet, Max Ernst, Sonia Delaunay, Max Liebermann, Paul Gauguin oder auch des Videokünstlers Nam June Paik. Breiten Raum gibt er dem Dadaisten Jean Arp und dem Zeichner Gustave Doré, beide gebürtige Straßburger. Die ☀ **Museumscafeteria** bietet neben schmackhaften Gerichten einen

MUSÉES DU CHÂTEAU DES ROHAN ★ [U C4]

Im direkt an der Ill gelegenen ehemaligen Bischöflichen Palais aus dem 18. Jh. sind drei Museen untergebracht. Das *Musée Archéologique* gibt einen umfassenden Überblick über elsässische Funde von der Steinzeit bis zu den Merowingern.

Das *Musée des Arts Décoratifs* (Kunstgewerbemuseum) besitzt eine wertvolle Fayencensammlung. Außerdem zeigt das Museum Uhren, Musikinstrumente, Möbel und Kunstschmiedearbeiten aus dem 18. und 19. Jh.; zu besichtigen sind ferner die ehemaligen fürstbischöflichen Prunkräume, die einen Eindruck vom luxuriösen Lebensstil der vier Straßburger Kardinäle aus der Rohan-Familie vermitteln. Hier sind auch rund 250 Stücke der Spielzeugsammlung zu sehen, die Tomi Ungerer seiner Heimatstadt vermacht hat.

Das *Musée des Beaux-Arts* enthält viele wertvolle Gemälde flämischer, holländischer, deutscher, französischer und italienischer Meister aus dem 14.–19. Jh. *2, Place du Château | Mi–Fr und Mo 12–18, Sa/So 10–18 Uhr | 5 Euro*

MUSÉE HISTORIQUE [U C5]

Auf rund 1700 m² Ausstellungsfläche geben zahlreiche Dokumente, Gemälde und Statuen einen Überblick über die wechselvolle Geschichte der Elsassmetropole. Glanzstück ist ein 11 × 7 m großes Relief der Stadt Straßburg aus dem 18. Jh. *3, Place de la Grande Boucherie | Di–Fr 12 bis 18, Sa/So 10–18 Uhr | 5 Euro*

MUSÉE TOMI UNGERER [U D3]

In einer Villa aus der Gründerzeit, die der Karikaturist seiner Heimatstadt Straßburg vermacht hat, sind 8000 Originalzeichnungen und Plakate zu sehen sowie Fotografien, Dokumente aus Ungerers Familienarchiv und Artikel über den weltberühmten Zeichner und Kinderbuchautor. *2, Avenue de la Marseillaise | Mi–Fr und Mo 12–18, Sa/So 10–18 Uhr | 5 Euro*

PALAIS DE L'EUROPE [U F1]

Der 1977 fertiggestellte Europapalast mit quadratischem Grundriss und 38 m hohen, schräg emporstrebenden Wänden aus Aluminium und Glas an der Avenue de l'Europe ist Sitz des Europarats. Hier arbeiten die rund 1600 Beamten des 1949 gegründeten Staatenbunds, der sich vor allem dem Schutz der Menschenrechte und der kulturellen Zusammenarbeit widmet. Gleich dahinter befindet sich das 1994 fertiggestellte Gebäude des Europäischen Gerichtshofs für Menschenrechte, dessen über 450 Juristen die Einhaltung der Menschenrechtskonvention überwachen.

Am gegenüberliegenden Illufer kommen die Europaparlamentarier für ihre monatlichen Plenarsitzungen im futuristisch anmutenden Prachtbau des ⭐ *Europaparlaments* mit seiner weithin funkelnden Glasfassade zusammen. Die meiste Zeit über steht der teure Glaspalast mit seinem lichtdurchfluteten Plenarsaal, Dutzenden Sitzungssälen, 1200 Büros und einer imposanten, begrünten Innenallee allerdings leer. Wer das Europaparlament besichtigen will, kann sich unter *Tel. 03 88 17 45 74* anmelden, für den Europarat unter *Tel. 03 88 41 20 29.*

PARC DE L'ORANGERIE [U F1–2]

Straßburgs schönster Park mit Kinderspielplätzen, einem kleinen Tiergehege, einer Storchenaufzuchtstation und einem See (Bootsverleih). Im Pavillon Josephine finden im Sommer häufig Konzerte statt. Ein Café mit Terrasse bietet sich für eine kleine Pause an. *Avenue de l'Europe*

TERRASSE PANORAMIQUE DU BARRAGE VAUBAN ☀ [U A5]

Das Vauban-Wehr mit seinen 13 Schleusentürmen wurde vom Festungsbaumeister Ludwigs XIV., dem Marschall Vauban (1633–1707), als Teil eines Befestigungsgürtels gebaut, der Straßburg uneinnehmbar machen sollte. Seit 1967 dient es als Panorama-terrasse. *Place du Quartier Blanc | tgl. 9–19.30 Uhr | Eintritt frei*

dem Scheiterhaufen verbrannt. Bis die Straßburger Juden durch die Französische Revolution die Bürgerrechte zurückerhielten, mussten sie jeden Abend durch die Rue des Juifs die Stadt verlassen. Daran erinnert noch heute die *Judenglocke,* die jeden

Transparenz symbolisiert der Glaspalast, in dem das Europaparlament tagt

SPAZIERGÄNGE & RUNDFAHRTEN

MÜNSTERVIERTEL [U C3–4]
Ein Bummel rund ums Münster führt Sie in den ältesten Teil Straßburgs. Die Namen der Gässchen, heute teilweise Fußgängerzonen, verweisen auf die Handwerker und Händler, die in den mittelalterlichen Fachwerkbauten ihrem Gewerbe nachgegangen sind: Krämer, Schuster, Goldschmiede, Zimmerleute. An ein dunkles Kapitel der Stadtgeschichte erinnert die *Rue Brûlée:* 1349 wurden bei einem Pogrom über 2000 Juden auf

Abend um 22 Uhr vom Münster läutet.

Im 18. Jh. haben französische Architekten und Stadtplaner dem Viertel ihren Stempel aufgedrückt. Beispiele sind die geometrisch gezogene *Place Broglie* und die Stadtpaläste in der *Rue Brûlée,* wo einst die Straßburger Elite ihr Domizil hatte. In einem dieser Renommierbauten *(Nr. 9)* ist heute das *Rathaus* untergebracht, in einem anderen *(Nr. 19)* der *Sitz des Präfekten.* Am Ende der Place Broglie liegt die *Oper,* dahinter führt eine Brücke über die Ill ins Quartier Allemand.

PETITE FRANCE ⭐ [U A–B 4–5]

Ein Spaziergang, der zu jeder Straßburgvisite gehört, führt vom Münster über die Place Gutenberg zur Petite France, einem der ältesten Viertel der Stadt. Dieses Delta der Illkanäle war früher das Viertel der Gerber, die in den Wasserläufen die Häute spülten. Heute zieht Petite France fast so viele Besucher an wie das Münster. Restaurants, Cafés, Weinstuben, Souvenir- und Antiquitätenläden reihen sich hier dicht aneinander. An der *Place Benjamin Zix* stehen einige besonders gut erhaltene mittelalterliche Gerberhäuser mit ihren typischen, von zahlreichen Luken durchbrochenen Speicherdächern, unter denen die Häute getrocknet wurden. Am *Quai de la Bruche* reiht sich eine Gasthausterrasse an die andere.

QUARTIER ALLEMAND [U B–F 2–4]

Der von den Straßburgern „Deutsches Viertel" genannte Stadtteil zwischen Place de la République und dem Stadtpark Orangerie entstand in der Zeit von 1871 bis 1918, als das Elsass zum deutschen Kaiserreich gehörte. Gleich mehrere Prachtbauten aus dieser Zeit säumen die *Place de la République,* darunter der *Rheinpalast, der Kaiser Wilhelm II. als Quartier diente, die imposante Universitätsbibliothek* und das ehemalige Parlament des „Reichslandes Elsass-Lothringen", in dem heute das *Straßburger Nationaltheater (TNS)* untergebracht ist. Das *Universitätsgebäude* und der angrenzende *Botanische Garten* stammen ebenso aus dieser Zeit wie das prachtvolle Jugendstil-Stadtbad *(Bains Municipaux),* das 2000 unter Denkmalschutz gestellt wurde.

Im Umkreis der *Place de la République* lebt ein Großteil der jüdischen Gemeinde Straßburgs, mit über 15 000 Mitgliedern eine der größten in Frankreich. 1958 wurde hier die große Synagoge errichtet – das alte israelitische Gebetshaus war 1940 nach der Annexion des Elsass durch die Nazis zerstört worden.

Bei einem Bummel durch dieses Viertel – etwa in der *Avenue des Vosges,* der *Allée de la Robertsau* und ihren Nebenstraßen – können Sie viele schöne Jugendstil- und Gründerzeitgebäude mit bleiverglasten Fenstern, reich verzierten, schmiedeeisernen Zäunen, Fresken und Kacheln entdecken. Besonders prachtvoll ist die 1905 erbaute *Maison Egyptienne* (U C2) | *Rue du Général Rapp)* mit ihrer von Pharaonen und Lotospflanzen geschmückten Fassade.

RUNDFAHRTEN

Sightseeingtouren führen mit dem Minibus durch die Altstadt und das Gerberviertel *(40 Min., April–Okt. | Abfahrt beim Rohan-Schloss | 5,30 Euro)* und mit dem Schiff durch Petite France zum Europaviertel *(75 Min., Abfahrt beim Rohan-Schloss | 8 Euro).*

▪ ESSEN & TRINKEN ▪

L'AMI SCHUTZ [U A5]

Sehr gute Bierstube mitten in der Petite France. Solide Hausmannskost, erschwingliche Preise. Bei schönem Wetter auch Plätze draußen. *1, Ponts Couverts | Tel. 03 88 32 76 98 | www. ami-schutz.com | tgl. | €–€€*

BUEREHIESEL [U F2]

Im Stadtpark Orangerie liegt dieses Feinschmeckerrestaurant. Meisterkoch Antoine Westermann hat den Herd seinem Sohn Eric überlassen. Exzellent essen kann man hier aber immer noch, und das in sehr schönem Rahmen. *4, Parc de l'Orangerie | So/Mo geschl. | Tel. 03 88 45 56 65 | www.buerehiesel.fr | €€€*

LA CAMBUSE [U B4]

Laut einem französischen Feinschmeckerführer das beste Fischrestaurant in ganz Ostfrankreich. *1, Rue des*

miliäres Ambiente inklusive. *So und außer Do/Fr abends geschl. | 3, Rue Prechter | Tel. 03 88 36 54 92 | €*

AU COIN DES PUCELLES ▶▶ [U C4]

Im Gegensatz zu vielen anderen Weinstuben zieht diese besonders viele junge Leute an. Ob deftige elsässische Hausmannskost oder leichtere Gerichte – alles schmeckt. Der Service ist nett, das Ambiente urig. Bis 1 Uhr morgens geöffnet! *12,*

Dentelles | Tel. 03 88 22 10 22 | So/Mo geschl. | €€ – €€€

LA CANTINE ROUGE ▶▶ [U D4]

Unkomplizierter geht es kaum: Studenten, Kunstprofessoren und Architekten (die Hochschulen für bildende Künste sowie Architektur und Industriedesign liegen gleich um die Ecke) sitzen zusammen an einem großen Tisch, am Herd brutzelt Franca Colombo traditionelle Gerichte aus der Heimat ihrer italienischen Eltern zu konkurrenzlos günstigen Preisen, fa-

Rue des Pucelles | Tel. 03 88 35 35 14 | So-Abend geschl. | € – €€

AU CROCODILE [U B–C4]

Nach fast vier Jahrzehnten hat Spitzenkoch Emile Jung 2009 seinen Platz am Herd geräumt. Sein Nachfolger Philippe Bohrer, der die früheren Präsidenten Valéry Giscard d'Estaing und François Mitterrand bekochte, hat dem Sternerestaurant ein Lifting verpasst. Die Karte bleibt klassisch-französisch, die Auswahl der Weine edel, die Preise sind entsprechend gehoben. *10, Rue de l'Outre | So/Mo geschl. | Tel. 03 88 32 13 02 | www.au-crocodile.com | €€€*

LE MARRONNIER [121 E1]

Etwa 15 Autominuten vom Zentrum im Dörfchen *Stutzheim* Hausmannskost und *tarte flambée* in bester Qualität. Im Sommer sitzt man in einem Hof unter den namengebenden Kastanien im Schatten. *18, Route de Saverne | außer Sa/So mittags geschl. | Tel. 03 88 69 84 30 | €–€€*

AU RENARD PRÊCHANT [U D5]

Originelles und gemütliches Restaurant in einer ehemaligen Kapelle aus dem 16. Jh., schmackhafte und innovative Regionalküche. Besonders lecker: Spanferkel mit Mirabellen und Sauerkraut! *34, Place de Zurich | Tel. 03 88 35 62 87 | Sa/So geschl. | €€*

LE ROI ET SON FOU ▶▶ [U C4]

Ein beliebtes Caférestaurant mit schöner Terrasse nur wenige Minuten vom Münster entfernt und doch abseits vom Touristenrummel. Schon zum Frühstück trifft sich hier die Straßburger Künstler- und Intellektuellenszene, mittags und abends gibts einfache Gerichte. *37, Rue du Vieil Hôpital | Tel. 03 88 23 22 22 | Mo–Sa 8–20, So 9–20 Uhr | €–€€*

LA TAVERNE DU SOMMELIER [U D4]

Ein Paradies für Freunde edler Tropfen: Die Auswahl an ausgesuchten Weinen (auch offene!) ist beeindruckend, dazu gibt es schmackhafte klassische französische Küche. Reservieren! *3, Ruelle de la Bruche | Tel. 03 88 24 14 10 | Sa/So geschl. | €€*

UMAMI [U B4]

Der neue Gourmettempel Straßburgs! Der japanische Name trügt: Die Küche ist französisch – mit exotischen Akzenten. Der Chef legt Wert auf erstklassige, frische Produkte. Korrektes Preis-Leistungs-Verhältnis. *8, Rue des Dentelles | Tel. 03 88 32 80 53 | außer Sa/So mittags geschl. | www.restaurant-umami.com | €€–€€€*

Die Bouquinisten an der Rue Gutenberg schlagen am Di, Mi und Sa ihre Stände auf

■ EINKAUFEN

DELIKATESSEN [U B4]

Kirn ist ein Tempel für Feinschmecker mit günstigem Restaurant im ersten Stock. *19, Rue du 22 Novembre*

DESIGN ▶▶ [U C4]

Objekte und Möbel junger Designer führt *Fou du Roi*. *4, Rue Faisan*

EINKAUFSZENTREN

130 Geschäfte, Boutiquen und den Feinschmeckersupermarkt Galeries Gourmandes finden Sie im *Einkaufszentrum* an der *Place des Halles* (*[U A–B3]* | Mo–Sa 9–20 Uhr | www.placedeshalles.com). Im Shoppingzentrum *Rivetoile* (*[U D6]* | *Place Étoile* | Mo–Sa 10–20 Uhr | www.rivetoile.com) mit Dutzenden Boutiquen sowie mehreren Restaurants und Cafés lohnt der *Hypermarché Leclerc* mit seiner großen Auswahl an Lebensmitteln, darunter viele Regionalprodukte, und einer gut bestückten Weinabteilung zu günstigen Preisen.

KONDITOREI [U C4–5]

Thierry Mulhaupt fabriziert Pralinen, leckere Torten und ausgezeichnete Konfitüren. *18, Rue du Vieux-Marché-aux-Poissons | www.mulhaupt.fr*

MÄRKTE

Bunter *Flohmarkt* ist Mi und Sa von 9 bis 18 Uhr an der *Place de la Grande Boucherie* [U C5]. Gebrauchte Bücher – auch antiquarische – gibt es Di, Mi und Sa von 9 bis 18 Uhr an der Place *und in der Rue Gutenberg* [U C4]. *Bauernmarkt* ist Sa von 7 bis 13 Uhr auf der *Place du Vieux-Marché-aux-Poissons* [U C4–5]. Hier kaufen Sterne-köche erstklassige Stopfleber oder Tannenhonig aus den Vogesen. Bei Jean Vogel aus dem Vogesenort Saales können Sie Konfitüre aus *mûroises* kaufen, einer Kreuzung aus Brombeeren und Himbeeren.

MODE

Elegante Boutiquen finden Sie im *Münsterviertel* [U C4], in der *Rue Sainte Madeleine* [U C–D5], der *Rue des Grandes Arcades* [U B–C4] und der *Rue de la Mésange* [U C4], junge Mode rund um die *Place Kléber* [U B4]. Designerlook zu erschwinglichen Preisen bieten mehrere Secondhandboutiquen an. Edelmarken gibt es bei *Accessible* (*[U B4]* | *14, Rue du Jeu des Enfants*). Bei *Céleste* (*[U A4]* | *14, Petite rue de la Course*) finden Sie außer junger Secondhandmode auch originellen Schmuck und Accessoires.

SOUVENIRS [U C4]

Schöne Souvenirs, etwa Tischtücher aus edlem Leinen oder Töpferwaren, gibts bei *Arts et Collections d'Alsace*. *4, Place du Marché-aux-Poissons*

WEIN [U C5]

Das Straßburger Krankenhaus besitzt einen der schönsten Weinkeller Europas: In Gewölben aus dem 14. Jh. lagern hier mehr als 30 000 Flaschen. *1, Place de l'Hôpital*

■ ÜBERNACHTEN

CHUT [U B4]

Die aus dem Iran stammende Besitzerin des kleinen Hotelrestaurants mitten in der Petite France ist Architektin und stöbert gern bei Trödlern herum. Jedes der acht Zimmer ist eine gelungene Mischung aus modernem

Design und schönen alten Dingen. Das Restaurant *(So/Mo geschl. | €€)* bietet exzellente innovative Saisonküche mit einem Hauch von Exotik, bei gutem Wetter auf einer Terrasse. *4, Rue du Bain-aux-Plantes | Tel. 03 88 32 05 06 | Fax 03 88 32 05 50 | www.hote-strasbourg.fr | €€–€€€*

LA COUR DU CORBEAU 🔊   [U C5]

Mehr als drei Jahrzehnte stand dieser prachtvolle Fachwerkkomplex aus der Renaissance leer und verfiel zusehends. Doch nun nimmt der wenige Gehminuten vom Münster entfernte „Rabenhof" nach aufwendigen Renovierungsarbeiten in seinen 57 luxuriösen Zimmern und Suiten wieder Gäste auf. Besonders schön ist das **Insider Tipp** lichtdurchflutete Zimmer 219, wo eine Wand aus einem großen Fenster besteht. *6–8, Rue des Couples | Tel. 03 90 00 26 26 | Fax 03 90 00 26 36 | www.cour-corbeau.com | €€€*

RÉGENT PETITE FRANCE 🔊   [U B4–5]

Schönes Hotel in einer denkmalgeschützten ehemaligen Eisfabrik zwischen zwei Illarmen. Die avantgardistisch gestylten Zimmer und der Blick über Petite France zum Münster haben allerdings ihren Preis. *72 Zi. | 5, Rue des Moulins | Tel. 03 88 76 43 43 | Fax 03 88 76 43 76 | www.regent-petite-france.com | €€€*

SUISSE   [U C4]

Nur 50 m vom Münster entfernt liegt dieses gemütliche Hotel mit hübscher Terrasse zum Draußenessen. *25 Zi. | 2-4, Rue de la Râpe | Tel. 03 88 35 22 11 | Fax 03 88 25 74 23 | www.hotel-suisse.com | €€*

AUX TROIS ROSES   [U D5]

Gemütliches Hotel im Studentenviertel Krutenau wenige Gehminuten vom Münster mit 33 kleinen, aber sauberen Zimmern. *7, Rue de Zurich | Tel. 03 88 36 56 95 | Fax 03 88 35 06 14 | www.hotel3roses-strasbourg.com | €*

■ FREIZEIT & SPORT ■

Wer Straßburg per Fahrrad entdecken will, kann sich eines mieten, pro Tag

Ein buntes Fachwerkidyll und beliebtes Ausgehviertel: Petite France im Delta der Illkanäle

8 Euro, für einen halben Tag 5 Euro: *Vélocation (*[U A4] *| am Hauptbahnhof in der verglasten Ladengalerie und* [U C5] *| 10, Rue des Bouchers | www.velocation.net).* Inlineskater treffen sich gern vor dem Museum für Moderne Kunst – der ▶▶ große Platz mit seinen Treppen bietet sich für akrobatische Übungen an. Auch das Illufer ist abends und am Wochenende ein beliebtes Ziel von Skatern.

■ AM ABEND ■

Veranstaltungstipps in „Dernières Nouvelles d'Alsace" und im „Hebdoscope".

CAFÉ DES ANGES [U C3]

Die Gäste sind so bunt gemischt wie das Musikprogramm – Blues, Salsa, House ... Es darf getanzt werden, die Preise sind erschwinglich. *Tgl. 18–4 Uhr | 5, Rue Sainte Catherine*

LA CHOUCROUTERIE [U B5]

Kleines Theater des elsässischen Barden Roger Siffer in einer ehemaligen Sauerkrautfabrik. Hier treten vor allem elsässische Mundartkabarettisten auf. Dazu gehört ein uriges Restaurant *(Sa-Mittag und So geschl. | €–€€)* mit erstklassigen Sauerkrautgerichten. *20, Rue Saint Louis | Tel. 03 88 36 07 28 | www.theatredelachouc.com*

LA LAITERIE [0]

Kulturzentrum in einer ehemaligen Molkerei unweit vom Bahnhof. Moderne Musik, Tanz und oft originelle Ausstellungen. *13, Rue Hohwald | Tel. 03 88 23 72 37 | www.laiterie.artefact.org*

TROC-CAFÉ [U A3] Insider Tipp

Die Einrichtung erinnert an einen Trödelladen, das Publikum ist jung. Tagsüber ein Ort, wo man in Ruhe einen Espresso trinken kann, abends eine Bar mit einem musikalischen Repertoire zwischen Blues, Rock und Jazz. *Mo–Fr bis 22, Sa bis 20 Uhr | 8, Rue du Faubourg de Saverne*

LA SALAMANDRE ▶▶ [U D4]

Urige Musikkneipe, in der auch getanzt wird. Von Oktober bis Mai So ab 17 Uhr *musette*-Musik mit Tanz, ansonsten ab 21 Uhr geöffnet, Mo/Di geschl. – außer am ersten Dienstag im Monat ab 19 Uhr zum „linguistischen Aperitif": Insider Tipp Es gibt Tische für verschiedene Sprachen – von Arabisch über Deutsch und Elsässisch bis zu Esperanto. Jeder sucht sich die Sprache aus, in der er mit anderen parlieren möchte. *3, Rue Paul Janet | www.lasalamandre-strasbourg.fr*

■ AUSKUNFT ■

17, Place de la Cathédrale [U C4] *| Tel. 03 88 52 28 28 | Fax 03 88 52 28 29; am Bahnhof* [U A3] *| Tel. 03 88 32 51 49 | www.otstrasbourg.fr*

> MITTELALTERLICHE STÄDTE, KULTURSCHÄTZE UND RITTERBURGEN

Geraniengeschmückte Fachwerkdörfer, das pittoreske Colmar und die Humanistenstadt Sélestat: die Bilderbuchseite des Elsass

> Neben Straßburg zählt das Zentralelsass mit seiner berühmten Weinstraße zu den Höhepunkten der Region: In Sélestat befindet sich die Wiege des Humanismus. Die ehemalige Reichsstadt Kaysersberg, die sich ihren mittelalterlichen Charakter bewahrt hat, schlägt Besucherrekorde, und Colmar ist der Inbegriff dessen, was man sich als „typisch Elsass" vorstellt. Geheimtipps dürfen Sie also in diesem Kapitel nicht erwarten. Aber was wäre ein Elsassbesuch ohne einen Bummel durch die traumhaft-romantische Altstadt Colmars? Und an dem Unterlindenmuseum mit Matthias Grünewalds Isenheimer Altar trauen sich, ohne zumindest einen Blick darauf zu werfen, nur Kulturbanausen vorbei, oder aber Leute, die sich ganz fest vorgenommen haben, diesen Urlaub ohne jeglichen Bildungsballast zu verbringen.

Auch ein Abstecher an die Weinstraße, die sich zwischen Marlenheim

Bild: Fachwerkhäuser in Barr

ZENTRALELSASS
& WEINSTRASSE

im Norden und Thann im Süden auf rund 120 km am Osthang der Vogesen entlangschlängelt, gehört zu einer klassischen Elsassreise. Hier präsentiert sich die Grenzregion so, wie man sie von Ansichtskarten her kennt: Ein Fachwerkidyll reiht sich ans nächste, die herausgeputzten Winzerdörfer überbieten sich gegenseitig mit ihrem üppigen Geranienschmuck.

So viel Bilderbuchromantik zieht natürlich entsprechende Mengen von Touristen an. Überall laden Tafeln zur *dégustation,* also zur Weinprobe ein, Gasthäuser und Weinstuben locken mit üppiger Hausmannskost, bei der Suche nach einem Quartier haben Sie die Wahl zwischen Hotel, Ferienwohnung *(gîte rural)* oder Gästezimmer *(chambre d'hôte).* Vor allem an Sonn- und Feiertagen ist die Weinstraße allerdings oft sehr überlaufen – erholsamer ist eine Fahrt entlang der romantischen Strecke allemal wochentags. Auskünfte zur Weinstraße und ein Verzeichnis der Winzer erhalten Sie in Colmar in der *Maison des Vins d'Alsace (12, Avenue de la Foire aux Vins | Tel. 03 89 20 16 20 | Fax 03 89 20 16 30 | www.vinsalsace.com)*.

Maison Pfister und Martinsmünster im denkmalgeschützten Colmar

COLMAR

[123 D3] **Pittoreske Straßenzüge und alte Zunftviertel, Renaissance- und Fachwerkhäuser, die sich aneinanderreihen: Man glaubt sich ins Mittelalter versetzt.** Nicht umsonst erhielt Colmar für die gelungene Restaurierung seiner Altstadt

eine europäische Medaille für Denkmalschutz. In der Hauptferienzeit und an Feiertagen wälzen sich denn auch die Touristenmassen durch den schönen Altstadtkern, der in einem Umkreis von 500 m ums Martinsmünster seine Schätze ausbreitet. Verlaufen kann man sich nicht, zahlreiche Wegweiser leiten Ortsunkundige zu den kulturellen Highlights wie dem Isenheimer Altar von Matthias Grünewald im Unterlindenmuseum oder der berühmten „Maria im Rosenhag" von Martin Schongauer in der Dominikanerkirche.

Seine erste Blütezeit erlebte Colmar während der Stauferzeit. 1226 wurde es von Stauferkaiser Friedrich II. zur freien Reichsstadt ernannt, erhielt das Münzrecht und später die eigene Gerichtsbarkeit. Vom wirtschaftlichen und kulturellen Aufschwung des späten Mittelalters und der Renaissance zeugt so manches reiche Bürgerhaus. Obwohl in der Nähe von Colmar am Ende des Zweiten Weltkriegs schwer gekämpft wurde, blieb der historische Kern so gut wie unversehrt und konnte glücklicherweise auch über den Fortschritts- und Betonenthusiasmus der Nachkriegszeit gerettet werden. Trotz mittlerweile 62 000 Ew. (im Großraum 83 000) hat die Stadt den Charakter eines verschlafenen Dorfs beibehalten: Sind keine Touristen da, kehrt Ruhe ein; dies macht sich insbesondere am Abend bemerkbar.

■ SEHENSWERTES
ÉGLISE DES DOMINICAINS
Die frühgotische Kirche aus dem 14. Jh. war lange das geistige Zentrum Colmars. Ihre schlichte architektoni-

sche Gestaltung spiegelt den Armutsanspruch der Ordensgemeinschaft der Dominikaner wider. Im Altarschrein steht das berühmte Gemälde der ★ „Maria im Rosenhag" von Martin Schongauer. Bereits von seinen Zeitgenossen der Renaissance wurde das Werk als „deutsche Sixtina" gepriesen. Sehr schön sind auch die Buntglasfenster aus der Colmarer Schule über dem Portal. *Rue des Serruriers | Ostern–Dez. tgl. 10–13 und 15–18 Uhr*

ESPACE ANDRÉ MALRAUX

In einer alten Sauerkrautfabrik in der Nähe des Rathauses wurde dieses kleine Museum für moderne Kunst (wechselnde Ausstellungen) eingerichtet. *4, Rue Rapp | Di–Sa 14–19, So 14–18 Uhr | Eintritt frei*

KOIFHUS

Größtes mittelalterliches Profangebäude Colmars aus dem Jahr 1480, ein behäbiger, alter Bau mit emailliertem Ziegeldach. Im Erdgeschoss der „Ancienne Douane", wie das Haus auch heißt, wurden im Mittelalter Waren eingelagert. Im ersten Stock versammelten sich die Vertreter des elsässischen Städtebunds Dekapolis zu ihren Sitzungen; noch heute schmücken die Wappen der zehn Mitgliedsstädte die Fenster. *Place de l'Ancienne Douane*

MAISON ADOLPHE

Das älteste Wohnhaus Colmars wurde 1350 erbaut. Seinen Namen erhielt es von seinem Besitzer. *Place de la Cathédrale*

MAISON PFISTER

Mit seiner bemalten Fassade und dem vorgelagerten Holzbalkon gehört es zu den herausragenden Patrizierhäusern der Altstadt. Das Gebäude wurde 1537 von einem Hutmacher erbaut. *Rue des Marchands*

MARCO POLO HIGHLIGHTS

★ **„Maria im Rosenhag"**
Das berühmte Gemälde in Colmar galt als „deutsche Sixtina" (Seite 61)

★ **Isenheimer Altar**
Großartiges Werk des Mittelalters in Colmar mit immenser Ausdruckskraft (Seite 62)

★ **Petite Venise**
Idyllisches Colmarer Stadtviertel am Fluss (Seite 63)

★ **Route des Crêtes**
Die traumhafte Höhenstraße folgt rund 75 km dem Vogesenkamm (Seite 69)

★ **Turckheim**
Einer der malerischsten Orte an der Weinstraße (Seite 69)

★ **Zellenberg**
Ein ruhiges, nicht so überlaufenes Winzerdörfchen (Seite 69)

★ **Bibliothèque Humaniste**
Wertvolle Schriftstücke aus dem frühen Mittelalter in Sélestat (Seite 70)

★ **Haut-Kœnigsbourg**
Eine Ritterburg wie aus dem Bilderbuch – wenngleich nicht ganz authentisch (Seite 73)

MAISON DES TÊTES

Rund 100 steinerne Masken schmücken die Renaissancefassade des prächtigen „Kopfhauses" aus dem Jahr 1609. Ganz in der Nähe stößt

Isenheimer Flügelaltar: Die dritte Schauseite ist dem heiligen Antonius gewidmet

man in der *Rue des Têtes* auf Ladenschilder, die den Patriotismus Colmars bezeugen – die Trikolore fehlt so gut wie nie. In dem Haus ist heute ein gleichnamiges *Hotel (Tel. 03 89 24 43 43 | Fax 03 89 24 58 34 | www.maisondestetes.com | €€– €€€)* mit 18 komfortablen Zimmern untergebracht. Dazu gehört ein Feinschmeckerrestaurant *(Mo-Mittag, Di-Mittag und So geschl.)* mit ausgezeichneter Küche. *19, Rue des Têtes*

MUSÉE BARTHOLDI

Das Museum befindet sich im Geburtshaus des Bildhauers Frédéric Auguste Bartholdi (1834–1904). Das Erdgeschoss ist der Stadtgeschichte, der erste Stock dem Künstler gewidmet. Bartholdi hat sich mit zehn Brunnen und Standbildern in Colmar verewigt. Sein bekanntestes Werk ist allerdings die Freiheitsstatue von New York. Eine 12 m hohe Kopie der Lady Liberty prangt in Colmar auf einer Verkehrsinsel an der Ausfallstraße nach Straßburg. *30, Rue des Marchands | März–Dez. Mi–Mo 10 bis 12 und 14–18 Uhr | 4,50 Euro*

MUSÉE D'UNTERLINDEN

1849 wurde das wohl wichtigste Museum des Elsass in dem ehemaligen Kloster der Colmarer Dominikanerinnen eingerichtet – im 14./15. Jh. ein bedeutendes Zentrum der oberrheinischen Mystik. Hier steht der berühmte ★ *Isenheimer Altar* von Matthias Grünewald. Geschaffen worden war er ursprünglich für das mächtige Antoniterkloster in Isenheim 20 km südlich von Colmar. Der Flügelaltar zeigt in geschlossenem Zustand in der Mitte die Kreuzigung Christi und auf den Seitenteilen die Heiligen Antonius und Sebastian. Nach der ersten Öffnung erscheint in der Mitte die Geburt Christi, links die Verkündigung Marias und rechts die Auferstehung Christi. Die innersten Flügelgemälde schließlich zeigen die Versuchung des Antonius und sein Gespräch mit dem Einsiedler Paulus. Berühmt wurde das Werk wegen seiner Farbgebung und der fast surrealistischen Darstellungskraft.

Zu sehen sind außerdem eine Sammlung oberrheinischer Malerei, um die 100 Reproduktionen von Kupferstichen Martin Schongauers sowie

Werke des Impressionismus bis zur abstrakten Moderne und im Klosterkeller eine archäologische Sammlung aus gallorömischer und merowingisch-fränkischer Zeit. *Rue Unterlinden | Mai–Okt. tgl. 9–18, Nov.–April Mi–Mo 9–12 und 14–17 Uhr | www. musee-unterlinden.com | 7 Euro*

PETITE VENISE ⭐
Liebevoll restauriertes Bilderbuchviertel am Fluss Lauch mit fast ländlicher Atmosphäre. Den schönsten Blick auf das malerische Klein Venedig hat man von der Brücke Pont Saint-Pierre.

QUAI DE LA POISSONNERIE
Früher haben die Fischer ihre frisch gefangene Beute hier in Reusen in der Lauch aufbewahrt. Eines der malerischen Fischerhäuser beherbergt das nette Restaurant *Aux Trois Poissons (15, Quai de la Poissonnerie | Tel. 03 89 41 25 21 | Di-Abend, So-Abend und Mi geschl. | €€),* wo Sie vor allem schmackhafte Fischgerichte genießen können.

QUARTIER DES TANNEURS
Gerberviertel, das wegen seines heruntergekommenen Zustandes in den Sechzigerjahren zunächst abgerissen werden sollte. Heute ist das Viertel Vorbild für gelungene Altstadtrestaurierung. *Östlich der Place de l'Ancienne Douane*

SAINT-MARTIN
Colmarer Wahrzeichen mit buntem Ziegeldach, großartigem Südportal und großem Turm mit Renaissancehaube; der Rest des Martinsmünsters fiel wegen Geldmangel eher schlicht aus. In der Kirche schöne Glasmalereien, die zum Teil aus dem 14. Jh. stammen. *Place de la Cathédrale*

■ ESSEN & TRINKEN ■

L'ARPÈGE
In einem Gebäude von 1463 mitten in der Altstadt bietet dieses Restaurant solide Regionalküche an. Bei schönem Wetter können Sie auf der Terrasse oder in einem hübschen Garten essen. *24, Rue des Marchands | Tel. 03 89 23 37 89 | Sa/So geschl. | €€*

L'AUBERGE
Einfache Brasserie im *Grand Hôtel Bristol,* gegenüber vom Bahnhof, mit günstigen und guten Regionalgerichten. *7, Place de la Gare | Tel. 03 89 23 17 57 | tgl. | €*

Insider Tipp

Ein Kanalidyll: Petite Venise („Klein Venedig") am Ufer der Lauch in Colmar

WINSTUB BRENNER

Winzige Winstub an einem Bootsanleger mit schöner, großer Terrasse. Elsässische Hausmannskost, die Karte wechselt mit den Jahreszeiten; gute Weinkarte. *1, Rue de Turenne | Tel. 03 89 41 42 33 | Di/Mi geschl.* | €€

CAVEAU SAINT-PIERRE

Das rustikale Restaurant liegt im Herzen der Petite Venise direkt am Ufer der Lauch. *24, Rue de la Herse | Tel. 03 89 41 99 33 | Mo geschl.* | €–€€

AU CYGNE

Winstub mit jungem Publikum. Küche bis spätabends. *15, Rue Edouard Richard | Tel. 03 89 23 76 26 | Sa-Mittag, Mo-Abend und So geschl.* | €–€€

JY'S

Jean-Yves Schillinger ist nach einigen Jahren in New York in seine Heimatstadt zurückgekehrt. Sein schickes Restaurant in der Altstadt ist ebenso ein Kontrast zur Winstubgemütlichkeit wie die betont innovative Küche. *17, Rue de la Poissonnerie | Mo-Mittag und So geschl. | Tel. 03 89 21 53 60 | www.jean-yves-schillinger.com* | €€€

■ EINKAUFEN ■

Mitten in der Altstadt befindet sich der Colmarer Spitzenbäcker *Léonard Helmstetter (11–13, Rue des Serruriers)*, bei dem sich die großen Restaurants der Region mit Brot versorgen. Bioweine gibt es beim Winzer *Martin Jund (12, Rue de l'Ange | www.vin-bio-jund.com)*. Ausgezeichneten Käse kauft man bei Jacky Quesnot in der *Fromagerie Saint-Nicolas (18, Rue Saint-Nicolas)*. Liebhaber von Süßem begeistern sich für die Patisserie in der *Konditorei Jean (6, Place de l'École)*. Samstagvormittags können Sie auf dem *Wochenmarkt an der Place Saint-Joseph* köstliche Regionalprodukte kaufen.

■ ÜBERNACHTEN ■

GRAND HOTEL BRISTOL ♫

Zentral gelegenes Komforthotel mit Tiefgarage, Fitnessraum, Hamam und Sauna. Dazu gehört das Schlemmerrestaurant *Le Rendez-Vous de Chasse (tgl. | €€€)*, dessen junge Küchenchefin Michaela Peters sich rühmen kann, die einzige deutsche Sterneköchin in Frankreich zu sein. *91 Zi. | 7, Place de la Gare | Tel. 03 89 23 59 59 | Fax 03 89 23 92 26 | www.grand-hotel-bristol.com* | €€–€€€

COLBERT

Ein einfaches, aber sauberes Hotel. Ins Zentrum sind es zehn Gehminuten. *52 Zi. | 2, Rue des Trois Épis | Tel. 03 89 41 31 05 | Fax 03 89 23 66 75 |* €

COLOMBIER

Dreisternehotel in einem Fachwerk-komplex aus dem 16. Jh. Die 24 Zimmer wurden kürzlich renoviert; modernes Design, guter Komfort. *28 Zi. |*

À l'Échevin (tgl.) gibt es vorzügliche Regionalküche. *4–6, Place des Six Montagnes Noires | Tel. 03 89 41 60 32 | Fax 03 89 24 59 40 | www.hotel-le-marechal.com |* €€€

MARTIN JUND `Insider Tipp`

Zwei hübsche Gästezimmer und fünf Appartements zu günstigen Tarifen in

Romantischer kann man kaum wohnen: Le Maréchal am Ufer der Lauch in der Petite Venise

7, Rue Turenne | Tel. 03 89 23 96 00 | Fax 03 89 23 97 27 | www.hotel-le-co lombier.fr | €€– €€€

LE MARÉCHAL

In einem verwinkelten Fachwerkge-bäude von 1565 mitten in der romantischen Altstadt, aber mit modernem Hotelkomfort. Einige der 30 gemütlichen Zimmer haben eine Whirlpool-wanne, in anderen träumen Sie in einem Louis-XVI-Bett. Im Restaurant

einem ehemaligen Winzerhaus im Herzen von Colmar. *12, Rue de l'Ange | Tel. 03 89 41 58 72 | Fax 03 89 23 15 83 | www.martinjund. com |* €

LE TURENNE 🔊

Praktisches Hotel am Südrand der Innenstadt nahe dem Krutenauvier-tel. *83 Zi. | 10, Route de Bâle | Tel. 03 89 21 58 58 | Fax 03 89 41 27 64 | www.turenne.com |* €

AM ABEND

Eine beliebte Adresse für Nachtschwärmer ist der *Cotton Club (3, Place de la Gare);* dazu gehört die im Keller gelegene Tanzbar *La Fiesta.* Gute Stimmung und frisch gezapftes Bier finden Sie auch in der Musikbar *J. J. Murphy's (48, Grand'Rue).* Für den späten Hunger empfiehlt sich die bis 2 Uhr morgens geöffnete Brasserie *Le Silex (9, Route d'Ingersheim | Di geschl. | €€):* gutes Ambiente und exzellente Bistroküche. Kulturveranstaltungen, vor allem Theateraufführungen und moderne Operninszenierungen, gibt es in der Insider Tipp *Manufacture,* einer ehemaligen Tabakfabrik *(6, Route d'Ingersheim | Mitte Sept. bis Juni | Tel. 03 89 41 71 92).*

AUSKUNFT

4, Rue Unterlinden | Tel. 03 89 20 68 92 | Fax 03 89 41 34 13 | www.ot-colmar.fr

ZIELE IN DER UMGEBUNG

KAYSERSBERG [123 D2]

Die ehemalige kleine Reichsstadt gut 10 km nordwestlich von Colmar hat sich ihren mittelalterlichen Charakter bewahrt. Es gibt hier zahlreiche sehr schöne Häuser aus dem 15., 16. und 17. Jh., das älteste steht in der Nähe der befestigten romanischen Brücke über den Fluss Weiß. Die Brücke aus dem Jahr 1514 ist mit Brustwehr und Schießscharten bestückt und gilt als einzigartig im Elsass. Von hier hat man einen sehr schönen Blick. Berühmtester Sohn von Kaysersberg ist der Friedensnobelpreisträger Albert Schweitzer. In dessen Geburtshaus befindet sich heute ein ihm gewidmetes *Museum (Mai–Okt. und Adventswochenenden tgl. 9–12 und 14–18 Uhr | 2 Euro).*

Gut übernachten kann man im modernen Hotel *Les Remparts (40 Zi. | 4, Rue de la Flieh | Tel. 03 89 47 12 12 | Fax 03 89 47 37 24 | www.lesremparts.com | €–€€).*

MÜNSTERTAL [122 C3]

Das 20 km lange Münstertal zählt zu den besonders schönen Tälern des Elsass. Wo sich heute der Ort *Munster* befindet, stand im 7. Jh. eine Abtei, die ihren Namen dem Münsterkäse gegeben hat. Sie gehörte mehr als 500 Jahre zu den bedeutenden geistigen und kulturellen Zentren Europas. Leider wurde der Großteil der Bausubstanz Munsters zerstört.

Ein Komforthotel mit Wellnessbereich und gutem Restaurant ist *Verte Vallée (107 Zi. | 10, Rue Alfred Hartmann | tgl. | Tel. 03 89 77 15 15 | Fax 03 89 77 17 40 | www.vertevallee.com | €€–€€€).* Ausgezeichnete Regionalküche serviert Koch Martin Fache in seinem Feinschmeckerrestaurant *À l'Agneau d'Or (2, Rue Saint-Grégoire | Tel. 03 89 77 34 08 | www.martinfache.com | Mo/Di geschl. | €–€€).*

NIEDERMORSCHWIHR [123 D3]

Das Postkartenidyll des malerischen Dorfs 7 km westlich bildete vor einigen Jahren den Hintergrund für die japanische Fernsehserie „Der blaue Himmel des Elsass". *Christine Ferber (18, Rue des Trois Épis)* wurde 1998 zur französischen „Marmeladenkönigin" gekürt. Insider Tipp Ausgezeichnet sind auch ihre Kuchen und Torten. Zum Schlafen empfiehlt sich das *Hotel L'Ange (20 Zi. | 125, Rue des Trois*

ELSASS/WEINSTRASSE

Épis | *Tel. 03 89 27 05 73* | *Fax 03 89 27 01 44* | *www.hotelange.fr* | €), zum Essen das Gasthaus *Caveau Morakopf (Mo-Mittag und So geschl.* | *7, Rue des Trois-Épis* | *Tel. 03 89 27 05 10* | €).

Girsberg und Haut-Ribeaupierre. Der ungefähr 9 km lange, gut ausgeschilderte Rundweg beginnt mitten in der Stadt an der Place de la République. Von Saint-Ulrich aus führt ein Weg weiter zu der Marienkapelle *Notre-*

Mit Schießscharten: Die Weißbrücke in Kaysersberg ist ein Relikt aus kriegerischen Zeiten

RIBEAUVILLÉ [123 D2]

Drei Burgruinen wachen über das hübsche Städtchen 15 km nördlich von Colmar. Sehenswert sind das barocke *Rathaus (Place de la Mairie),* und in der Grand'Rue das *Pfeiferhaus* aus dem 17. Jh. mit seinem prachtvoll geschnitzten Erker und der 1536 errichtete „Metzgerturm" *Tour des Bouchers.* In der Kirche *Saint-Grégoire* sollten Sie sich die Statue der Maria von der Glashütte aus bemaltem und vergoldetem Holz ansehen, die eine typische elsässische Trachtenhaube auf dem Kopf hat.

Schön ist eine Wanderung hinauf zu den drei Burgruinen Saint-Ulrich,

Dame-de Drusenbach, die schon seit dem Mittelalter ein beliebter Wallfahrtsort ist.

Gut und preisgünstig essen können Sie in der Winstub *Zum Pfifferhus (14, Grand'Rue* | *Tel. 03 89 73 62 28* | *Mi, Nov.–Juni auch Do geschl.* | €– €€). Zum Übernachten empfiehlt sich das *Hôtel de la Tour (1, Rue de la Mairie* | *Tel. 03 89 73 72 73* | *Fax 03 89 73 38 74* | *www.hotel-la-tour. com* | €– €€) mit 31 behaglichen Zimmern, einem Fitnessraum, Sauna und Whirlpool. Auskunft: *1, Grand' Rue* | *Tel. 03 89 73 23 23* | *Fax 03 89 73 23 29* | *www.ribeauville-ri quewihr.com*

RIQUEWIHR   [123 D2]

Die „Perle der Weinstraße", wie Riquewihr (dt.: Reichenweier) sich gerne nennt, kultiviert nicht nur ihre Weinberge, sondern auch den Fremdenverkehr: Der 15 km nördlich gelegene Ort ist eine der Hauptattraktionen des Elsass, besonders an Sonn- und Feiertagen herrscht hier ein entsprechender Rummel. In der Hauptstraße finden sich gleich mehrere Prachtbauten der elsässischen Renaissance, darunter das höchste Fachwerkhaus der Region (Nr. 14). Am besten erschließt sich der Charme des Städtchens außerhalb der Saison, beim Bummel auch durch die Nebenstraßen mit ihren alten Portalen und Hinterhöfen. In der *Rue des Juifs,* dem früheren Judenghetto, kann man den „Diebesturm" *Tour des Voleurs (Ostern–Okt. tgl. 10.30–13 und 14 bis 18 Uhr | 2,50 Euro)* mit Folterkammer und Verliesen besichtigen. Im 25 m hohen Dolderturm aus dem Jahr 1291 ist ein kleines *Heimatmuseum* untergebracht *(Ostern–Okt. Sa/So, Juli/Aug. tgl. 10.30–13 und 14–18 Uhr | 2,50 Euro).* Durch den Dolder gelangt man zum Obertor von 1500.

In einem früheren Schloss am Eingang zur Altstadt sind im *Músee de la Poste (April–Mitte Nov. und im Dez. während des Weihnachtsmarkts Mi–Mo 10–17.30 Uhr | 4,50 Euro)* historische Postkutschen zu sehen. Nahebei zeigt die *Maison de Hansi (Jan. Sa/So 14–18, Feb./März Di–So 14–18, April–Dez. Di–So 10.30–18 Uhr | 2 Euro)* Zeichnungen des elsässischen Karikaturisten. Das gesamte Stadtgebiet ist Fußgängerzone, vor der Innenstadt gibt es Parkplätze.

Eine vorzügliche Feinschmeckeradresse ist L'Auberge du Schœnenbourg (2, Rue de la Piscine | Tel. 03 89 47 92 28 | Mi und außer So/Mo mittags geschl. | www.auberge-schoenenbourg.com | €€€). Auskunft: 2, Rue de la 1ière Armée | Tel. 03 89 73 23 23 | Fax 03 89 73 23 29 | www.ribeauville-riquewihr.com

Riquewihr, die „Perle der Weinstraße": autofreies Museumsstädtchen inmitten von Weinbergen

ELSASS/WEINSTRASSE

ROUTE
DES CRÊTES ★ ☼ [122 B–C 2–5]

Die 75 km lange Höhenkammstraße verläuft mit geringen Höhenunterschieden entlang des Vogesenkamms. Gebaut wurde sie im Ersten Weltkrieg von der französischen Armee als Versorgungsstraße. Auf fast 1200 m Höhe fährt man von einem schönen Aussichtspunkt zum nächsten, zahlreiche einfache Berggasthöfe, die *fermes auberges,* laden zur Rast ein. Im Winter und Frühjahr ist die Kammstraße oft gesperrt.

TURCKHEIM ★ [123 D3]

Das 5 km westlich am Eingang des Münstertals an der Fecht gelegene Städtchen Turckheim (3500 Ew.) ist stolz auf seinen Nachtwächter, der von Mai bis Oktober jeden Abend ab 22 Uhr durch die angestrahlten Gässchen geht und die Bürger auffordert, sich zur Ruhe zu begeben. Der besonders schöne historische Stadtkern hat den Grundriss eines Dreiecks,

durch drei Stadttore gelangt man ins Zentrum. Viele stattliche Gebäude zeugen von der Blütezeit des Städtchens im 15. und 16. Jh., die Turckheim vor allem der ausgezeichneten Qualität seiner Weine zu verdanken hatte. Auch heute zählen die Turckheimer Weine zu den besten im Elsass. Ein *Weinlehrpfad* führt in etwa zwei Stunden durch das umliegende Rebland *(Ausgangspunkt Place de la République).* Ausgezeichnete Regionalküche, bei gutem Wetter auch im Garten, gibt es im Restaurant *Au Turenne (14, Rue Grenouillière | Tel. 03 89 27 25 81 | www.auturenne.com | €€),* zum Übernachten empfiehlt sich das zehn Gehminuten vom Zentrum entfernte ⌁ Hotel *Les Portes de la Vallée (29, Rue Romaine | Tel. 03 89 27 95 50 | Fax 03 89 27 40 71 | www.hotelturckheim.com | €).*

ZELLENBERG ★ [123 D2]

Knapp 15 km nördlich nahe dem belebten Riquewihr, aber abseits vom Touristenrummel liegt dieses hübsche Weindorf mit einer schönen *Barockkirche* auf dem Dorfplatz. Im Ort finden Sie ein kleines, komfortables Hotelrestaurant, das *Caveau du Schlossberg (9 Zi. | 59 a, Rue de la Fontaine| Tel. 03 89 47 93 85 | Fax 03 89 47 82 40 | www.leschlossberg. com | tgl. | €–€€).*

SÉLESTAT

[123 E1] Auf den ersten Blick wirkt das 45 km südlich von Straßburg zwischen Rhein und Vogesen gelegene Sélestat (dt.: Schlettstadt) nicht sehr einladend: Die Stadt hat nicht nur auf den Fremdenverkehr gesetzt, gut die Hälfte ihrer knapp 20 000 Ew. arbeitet in Industrie- und Gewerbegebieten, die den Norden und Süden der Stadt flankieren. Doch von den wenig attraktiven Einfallstraßen sollten Sie sich nicht abschrecken lassen: Das Städtchen mit seinem noch weitgehend intakten historischen Kern lohnt durchaus einen Besuch – zumal es eines der bedeutendsten Kulturgüter des Elsass besitzt, die Humanistische Bibliothek. Diese Büchersammlung von unschätzbarem Wert zeugt von der Blütezeit des ehemaligen Schlettstadt, das im 15. und 16. Jh. ein Zentrum des geistigen Lebens war. Aus der berühmten Schlettstadter Lateinschule, wo bis zu 1000 Schüler aus ganz Europa studierten, gingen unter anderen der Humanist Erasmus von Rotterdam und der Reformator Martin Butzer hervor.

Besonders schön herausgeputzt ist Sélestat zur Adventszeit. Kein Wunder: Das Städtchen nennt sich stolz „Wiege des Weihnachtsbaums" und stützt sich dabei auf ein Dokument aus dem Jahr 1521, in dem erstmals auf den Brauch verwiesen wird, vor Weihnachten Tannen zu schmücken.

■ SEHENSWERTES ■

BIBLIOTHÈQUE HUMANISTE ⭐

Die berühmte Humanistische Bibliothek befindet sich in einer ehemaligen Kornhalle aus dem 19. Jh. In dem 36 m langen Lesesaal sind rund 3000 Schriftstücke von unschätzbarem Wert aus dem 7. bis 16. Jh. aufbewahrt: Manuskripte, Inkunabeln (Wiegendrucke, als der Buchdruck noch in der „Wiege" lag) und Frühdrucke. Besonders wertvolle Stücke sind in Vitrinen zu bewundern – etwa ein

Lesebuch aus dem Jahr 700 mit Auszügen aus der Heiligen Schrift oder eine Bibel aus dem 13. Jh. auf Pergament. *1, Rue de la Bibliothèque | Mo und Mi–Fr 9–12 und 14–18, Sa 9–12 Uhr, Juli/Aug. auch Sa/So 14–17 Uhr | 3,70 Euro*

COUR DES PRÉLATS

Der 1541 fertiggestellte Prälatenhof gilt als der schönste Renaissancebau der Stadt. Achten Sie auf den von Luken durchbrochenen hohen Dachspeicher und auf die Rückseite an der Rue du Sel mit ihrer von einem kleinen Turm gekrönten Wendeltreppe. *Rue de l'Église/Rue du Sel*

ÉGLISE SAINTE-FOY

Die in der zweiten Hälfte des 12. Jhs. aus rosa Sandstein und grauem Granit errichtete romanische St.-Fides-Kirche besticht durch ihre perfekte Harmonie. Zu verdanken hat sie ihren bemerkenswert geschlossenen Baustil dem Umstand, dass sie in nur 15 Jahren errichtet wurde – für die damalige Zeit ein Rekord. Beachtung verdienen das schöne Portal sowie im Inneren die mit vielen Skulpturen verzierten Kapitelle. *Place du Marché Vert*

ÉGLISE SAINT-GEORGES

Die vom 13. bis 15. Jh. erbaute gotische Georgskirche steht auf Fundamenten einer Kapelle aus der Karolingerzeit. Ihr Schmuckstück sind die 1430–1460 entstandenen Glasfenster mit Motiven aus Heiligenlegenden. *Place Saint-Georges*

MAISON BILLEX

Das 1615 von Hans Billex fertiggestellte Gebäude ist ein besonders schönes Beispiel für eine elsässische Privatresidenz der Renaissance. *Place du Marché-aux-Choux*

SALLE SAINTE-BARBE

Das imposante, dreistöckige Gebäude mit schönem Stufengiebel wurde 1470 als Lagerhaus für den städtischen Zoll gebaut. *Place de la Victoire*

Zi.). 39, Rue des Chevaliers | So-Abend und Mo geschl. | Tel. 03 88 92 09 34 | Fax 03 88 92 12 88 | www.auberge-des-allies.com | €–€€

AU BON PICHET

Gemütliche Weinstube, schmackhafte Regionalküche zu günstigen Preisen. *10, Place du Marché aux Choux | Tel.*

Pilgerstätte für Bücherwürmer, hoffentlich nur im übertragenen Sinn: die Bibliothèque Humaniste

TOUR DES SORCIÈRES

Der 1216 errichtete Hexenturm war einer der damals 38 Stadttürme von Sélestat. Seine Obergeschosse dienten als Gefängnis für angebliche Hexen, die dort auf ihre Hinrichtung warteten. *Rue de la Grande Boucherie*

■ ESSEN & TRINKEN ■

AUBERGE DES ALLIÉS

Serviert wird traditionelle elsässische Küche. Dazu gehört ein Hotel *(17*

03 88 82 96 65 | Mo-Abend und So geschl. | €–€€

LA VIEILLE TOUR

Klassische französische Küche, perfekt zubereitet. *7–8, Rue de la Jauge | Tel. 03 88 92 15 02 | www.vieille-tour. com | Mo geschl. | €–€€*

■ EINKAUFEN ■

Die *Konditorei Sontag (1, Rue du 17 Novembre)* ist mit ihrer reichen Aus-

Insider Tipp
wahl an Torten und hausgemachten Pralinen zu empfehlen. <mark>Traditioneller elsässischer Kelsch,</mark> ein karierter Leinenstoff, wird 6 km östlich im Dorf Muttersholtz gewebt: *Tissage Gander (10a, Rue de Verdun | Mo–Sa 14–17 Uhr).* Im Fabrikladen gibt es Meterware und fertige Tisch- und Bettwäsche.

■ ÜBERNACHTEN ■

ABBAYE DE LA POMMERAIE
Die beste Adresse am Ort. Stilvolle Zimmer, Feinschmeckerrestaurant *(So-Abend und Mo-Mittag geschl.),* Weinstube *(tgl.).* 14 Zi. | 8, Avenue du Maréchal Foch | Tel. 03 88 92 07 84 | Fax 03 88 92 08 71 | *www.pommeraie. fr* | €€€

Insider Tipp
AUBERGE DE L'ILLWALD
6 km südöstlich mitten in den Rheinauen bietet dieses Hotelrestaurant Ruhe und Erholung. Vor Ihren Augen

erstreckt sich ein 1500 ha großer Auenwald mit vielen geschützten Tierarten wie schwarzen Störchen. Im Restaurant *(Di/Mi geschl.)* gibt es köstliche Spezialitäten aus der Region, zum Übernachten laden neun charmante Zimmer und Suiten ein. *Le Schnellenbuhl* | *Tel. 03 88 85 35 40* | *Fax 03 88 85 39 18* | *www.illwald.fr* | € €€

■ AM ABEND ■

An milden Sommerabenden sind die Terrassencafés in der *Rue du Président-Poincaré* ein beliebter Treffpunkt.

■ AUSKUNFT ■

10, Boulevard Général-Leclerc | Tel. 03 88 58 87 20 | Fax 03 88 92 88 63 | *www.selestat-tourisme.com*

■ ZIELE IN DER UMGEBUNG ■

ANDLAU [120 C4]
Der kleine Ort knapp 20 km nördlich am Fuß des Ungersbergs ist um ein

Imposant und weithin sichtbar thront die Haut-Kœnigsbourg auf einem 757 m hohen Felsen

ELSASS/WEINSTRASSE

ehemaliges Benediktinerkloster herum entstanden, von dem heute nur noch die im 11. Jh. erbaute romanische *Kirche* erhalten ist. Besonders sehenswert ist ein 30 m langer Skulpturenfries an der Westfassade. Im Inneren erinnert die romanische Skulptur eines Bären an die Legende, wonach eine Bärin der Gemahlin Kaiser Karls des Dicken, Richardis, die Stelle gezeigt haben soll, an der diese 880 das Kloster gründete.

Im Norden wird Andlau von zwei Ruinen – *Spesbourg* und *Andlau* – überragt, die man vom Ort aus in gut einer Stunde oder vom Parkplatz am Forsthaus *Maison Forestière Hungerplatz* aus in zehn Minuten zu Fuß erreicht. Im kürzlich renovierten Forsthaus kann man essen – bei gutem Wetter auch auf der Terrasse *(Tel. 03 88 08 92 16 | Mo/Di geschl. | €)*.

AUBERGE DE L'ILL [123 E2]
11 km südlich in *Illhaeusern* betreibt die Familie Haeberlin das berühmteste Feinschmeckerrestaurant des Elsass mit drei Michelinsternen. Lange im Voraus reservieren! *Tel. 03 89 71 89 00 | Fax 03 89 71 82 83 | www.auberge-de-l-ill.com | Mo/Di geschl. | €€€*

BARR [121 D4]
Die stattlichen Winzerhäuser mit ihren malerischen Innenhöfen lassen ahnen, dass sich Weinbau hier besonders lohnt: Mit dem Kirchberg weist das 20 km nördlich gelegene Barr eine der besten Lagen des Elsass vor. Das *Musée de la Folie Marco (Juli–Sept. Mi–Mo, April–Juni und Okt. Sa/So 10–12 und 14–18 Uhr | 5 Euro)* nahe dem Rathaus zeigt die großbürgerliche Wohnkultur des 18. Jhs.

DAMBACH-LA-VILLE [121 D5]
Das stark vom 16. und 17. Jh. geprägte Dambach-la-Ville (2000 Ew.) hat sein historisches Stadtbild weitgehend erhalten können und wurde wiederholt für seinen besonders üppigen Blumenschmuck ausgezeichnet. Den Charme des 10 km nördlich gelegenen Städtchens entdeckt man am besten bei einem Spaziergang um die noch gut erhaltene, von Gräben gesäumte Stadtmauer mit ihren drei Toren. Sehenswert sind auch das *Rathaus* von 1547 und auf dem Marktplatz ein *Renaissancebrunnen* mit einem steinernen Bären, dem Symbol der Stadt.

Von Dambach-la-Ville führt ein viertelstündiger Spaziergang durch die Weinberge zu der mitten im Rebland gelegenen, sehenswerten *Chapelle de Saint-Sébastien.* Im Inneren befinden sich ein besonders schöner, reich geschnitzter Barockaltar sowie eine Marienstatue aus dem 15. Jh., die der Schule Tilman Riemenschneiders zugeschrieben wird. 2 km westlich liegt auf einem 662 m hohen Felsen die ☀ *Burgruine Bernstein* (11. Jh.). Der einstündige Aufstieg wird mit einem herrlichen Blick bis ins Rheintal und über die Weinstraße belohnt.

EBERSMUNSTER [121 D5]
In Ebersmunster 10 km nördlich steht die bedeutendste und schönste Barockkirche des Elsass. Mit ihrer Silbermann-Orgel von 1732 ist sie regelmäßig reizvoller Rahmen für klangvolle Orgelkonzerte.

HAUT-KŒNIGSBOURG ★ ☀ [120 C6]
Die 10 km westlich 757 m hoch auf einem Felsen thronende, weithin

sichtbare Hochkönigsburg ist wahrscheinlich das beliebteste Ausflugsziel im Elsass. Bereits im 12. Jh. hatten die Staufer hier eine Burg errichtet, die im Lauf der Jahrhunderte mehrmals durch Kriege und Brände zerstört wurde. Im 19. Jh. ließ Kaiser Wilhelm II. die Ruine so wieder aufbauen, wie man sich damals eine mittelalterliche Ritterburg vorstellte.

Das Ergebnis ist eines der umstrittensten Baudenkmäler des Elsass und wird von seinen Kritikern als „preußisches Disneyland" verspottet. Dennoch lohnt sich ein Abstecher, zumal die Innenausstattung – schöne Möbel und Kachelöfen – sehenswert ist. *Juni–Aug. tgl. 9.15–18, April/Mai und Sept. 9.15–17.15, März und Okt. 9.30–17, Nov.–Feb 9.30–12 und 13–16.30 Uhr | 7,50 Euro | www.haut-koenigsbourg.fr*

MOLSHEIM [121 D2–3]

Sehenswert in Molsheim ist der dreieckige *Rathausplatz* mit *Renaissancebrunnen* und dem prächtigen ehemaligen Sitz der Fleischerinnung, heute ein beliebtes Restaurant *(La Metzig | Tel. 03 88 38 26 24 | Mi geschl. | €–€€)*. In den winkligen Gassen des 35 km nördlich gelegenen Städtchens (7000 Ew.) gibt es viele gut erhaltene Bauten aus der Zeit der Renaissance im 16./17. Jh., als Molsheim ein Zentrum der Gegenreformation war.

3 km von Molsheim steht bei *Avolsheim* die angeblich älteste Kirche des Elsass, die 1049 geweihte romanische Basilika *Dompeter (St-Pierre)*.

MONT SAINTE-ODILE (ODILIENBERG) [120 C4]

Der nach der elsässischen Schutzpatronin benannte „heilige Berg des

> BÜCHER & FILME

Nur eine „gastro-touristische Fata Morgana"?

> **Von Liebe keine Spur** – Mit den komplizierten Beziehungen der Elsässer zu den Deutschen und umgekehrt setzt sich der Schriftsteller Martin Graff in diesem amüsant-ironischen Buch auseinander. Seine These: Die vielen Germanen, die als Touristen in die Grenzregion kommen oder dort gar ein Ferienhaus kaufen, gehen einer „gastro-touristischen Fata Morgana" auf den Leim.

> **Die Gedanken sind frei. Meine Kindheit im Elsass** – Der in Straßburg geborene Kinderbuchautor und Zeichner Tomi Ungerer berichtet in seinen Kindheitserinnerungen von einem besonders düsteren Kapitel der elsässischen Geschichte, als die Region im Zweiten Weltkrieg von Nazideutschland annektiert war. Und weil Ungerer schon damals gut zeichnen konnte, hielt er viele Eindrücke mit seinen Malstiften fest.

> **Die Elsässer** – Kurzweiliger als mit dieser von Arte produzierten Familiensaga lässt sich die wechselhafte Geschichte der Grenzregion in den letzten 140 Jahren kaum nacherzählen.

> **Das Elsass, das ich meine** – Die Straßburger Kabarettistin Huguette Dreikaus präsentiert in ihrem Buch ein witziges Kaleidoskop der elsässischen Seele – ein bisschen Deutschland und viel Frankreich.

Elsass" 30 km nördlich ist ein beliebtes Ausflugs- und Pilgerziel. Rund um den Odilienberg führt die etwa 10 km lange Heidenmauer, über deren Ursprung und Zweck die Experten rätseln. Zu dem noch heute von Ordensschwestern betriebenen Kloster bei Obernai gehören ein *Ausflugslokal* sowie ein *Hotel (Tel. 03 88 95 80 53 | Fax 03 88 95 82 96 | www.mont-sain te-odile.fr | €)* mit 110 einfachen, aber unschlagbar preiswerten Zimmern.

OBERNAI [121 D3]
Das gut 20 km nördlich gelegene Städtchen (9000 Ew., dt.: Oberehnheim) mit seinem mittelalterlichen Stadtkern gehört zu den beliebtesten Orten der Weinstraße. Sehenswert sind das *Rathaus,* das Elemente der Gotik und der Renaissance in sich vereint, sowie die alten *Gerberhäuser* in der *Rue du Marché.* Volkstümlich geht es in der Weinstube *L'Agneau d'Or (99, Rue du Général Gouraud | Tel. 03 88 95 28 22 | Mo/Di geschl. | €€)* zu, die herzhafte Regionalküche serviert. Besonders stilvoll ist das Hotel *Cour d'Alsace (3, Rue de Gail | Tel. 03 88 95 07 00 | Fax 03 88 95 19 21 | www.cour-alsace.com | €€€)* mit 53 schönen Zimmern, Pool, Sauna und Hamam sowie Winstub und Feinschmeckerrestaurant.

ROSHEIM [121 D3]
Das 30 km nördlich in den Hügeln der Vogesenausläufer gelegene Rosheim (3500 Ew.) hat viel von seinem stillen Charme bewahrt. Hier stehen das um 1200 gebaute romanische *Heidenhaus* und die besonders schöne romanische *Kirche Saint-Pierre et Saint-Paul.* Eine *Synagoge* von 1882

erinnert an die einst bedeutende jüdische Gemeinde der Stadt. Gepflegt essen *(So-Abend, Mo und Mi geschl. | €€–€€€)* und übernachten können Sie in der *Hostellerie du Rosenmeer* mit 20 geräumigen Zimmern *(45, Avenue de la Gare | Tel. 03 88 50 43 29 | €–€€).*

Um Obernai wachsen die im Elsass seltenen Spätburgunderreben für den Rouge d'Ottrott

SAINT-HIPPOLYTE [120 C6]
Ein besonders schöner Winzerort (dt.: Sankt Pilt) knapp 10 km südwestlich mit einer weitgehend intakten Stadtmauer aus dem 14./15. Jh. Um die Mauer führt ein Spazierweg, im Inneren laufen drei Straßen mit blumengeschmückten Häusern aus der Renaissance und dem Barock zum Dorfplatz mit Rathaus und schönem Brunnen. Komfortabel übernachten Sie im ⟩ Hotel *Le Parc (6, Rue du Parc | Tel. 03 89 73 00 06 | Fax 03 89 73 04 30 | www.le-parc.com | €€–€€€)* mit 32 charmanten Zimmern und Suiten (einige mit Blick auf die Hochkönigsburg), Pool und Wellnessbereich. Dazu gehören ein Feinschmeckerrestaurant und eine etwas einfachere Winstub mit innovativer Küche.

> SANFTE HÜGEL, MUSEUMS-HIGHLIGHTS UND VOGESENGIPFEL

Trotz seiner Reize ist das südliche Elsass noch nicht allzu sehr überlaufen

> Ins südliche Elsass locken der Sundgau – mit seinen sanften Hügeln und den vielen kleinen Straßen ideal zum Radfahren –, Mulhouse mit seinem reichen Angebot an technischen Museen, die Südvogesen mit zahlreichen Wanderwegen oder das Elsässische Freilichtmuseum.

GUEBWILLER

[122 C5] Guebwiller (12 000 Ew., dt.: Gebweiler) liegt am Anfang des Florivals, des

Blumentals. Die Weinreben wachsen hier bis an die Straße hinunter. Beim Stadtbummel stößt man in der *Rue de la République* auf mehrere mittelalterliche Häuser, darunter (Nummer 73) das 1514 erbaute Rathaus.

■ SEHENSWERTES ■

ÉGLISE DES DOMINICAINS

Diese bedeutende gotische Dominikanerkirche beherbergt dank ihrer ausgezeichneten Akustik ein stilvol-

Bild: Musée National de l'Automobile in Mulhouse

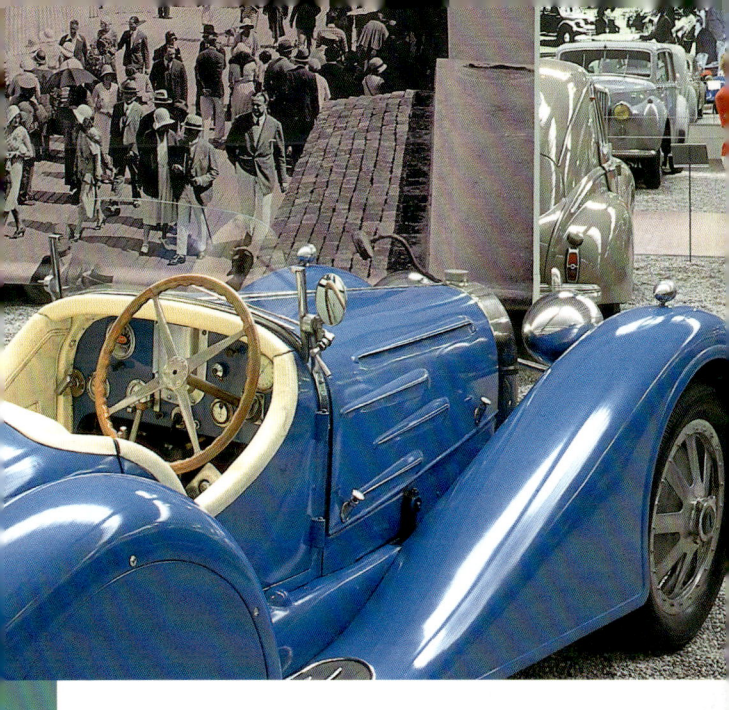

SÜDELSASS

les Zentrum für Musik. Geboten werden klassische Konzerte, aber auch
Jazz und zeitgenössische Musik. *34,
Rue des Dominicains | Mai–Sept. Di
bis Fr 9–12 und 14–18, Sa/So 14–18
Uhr | Eintritt frei, Konzerte 5,50 bis
24 Euro | www.les-dominicains.com*

MUSÉE DU FLORIVAL
Archäologische und volkskundliche
Sammlungen der Region sowie Wer-
ke des Keramikers Théodore Deck

(1823–1891). Besonders schön ist die
große, farbenprächtige Kachelwand,
die beim Umbau einer ehemaligen
Industriellenvilla entdeckt und im
Museum installiert wurde. *1, Rue du
4 Février | Mo und Mi–Fr 14–18, Sa/
So 10–12 und 14 bis 18 Uhr | 4 Euro*

■ ESSEN & TRINKEN ■
LE BRATZALA
Urige Winstub mit guter elsässischer
Hausmannskost; großzügige Portio-

nen! *32, Rue de l'Église | Tel.
03 89 28 60 78 | Do geschl. | €*

AUBERGE DU CHEVAL BLANC

Feinschmeckerrestaurant mit traditio-
neller französischer Küche etwa 7 km
nördlich von Guebwiller. Das Haus
gehört seit 1785 einer Winzerfamilie,
entsprechend gepflegt ist die Wein-
karte. Reservieren! Dazu gehört ein

120 mehr als 100 Jahre alte Eichenfässer:
Keller der Domaines Schlumberger

Hotel mit elf komfortablen Zimmern
*(€– €€). Westhalten | 20, Rue de
Rouffach | Tel. 03 89 47 01 16 | Fax
03 89 47 64 40 | www.auberge-cheval
blc.com | So-Abend, Di-Mittag und
Mo geschl. | €€€*

■ EINKAUFEN ■

CHRISTMANN

Der Spitzenkonditor von Guebwiller
ist weit über den Ort hinaus bekannt.
8, Place de l'Hôtel de Ville

DOMAINES SCHLUMBERGER

Das größte private zusammenhängen-
de Weinbaugebiet des Elsass. Bei
dem Traditionsbetrieb können Sie
ausgezeichnete Weine kosten und
kaufen. Ein kleines Freilichtmuseum
informiert über die Geschichte des
Weinanbaus *100, Rue Théodore Deck
| www.domaines-schlumberger.com*

■ ÜBERNACHTEN ■

LE HAMEAU DES SOURCES

10 km nördlich zwischen Soultzmatt
und Wintzfelden stehen am Waldrand
auf einer Wiese mit kleinem Spiel-
platz acht gemütliche, zweistöckige
Holzhäuschen (Terrasse, Kaminofen,
Spülmaschine) für vier bis sechs Personen. Der herzliche Empfang, den
Frau Wessang ihren Gästen bereitet,
prägt die Atmosphäre in dieser grünen Oase. Wochenmiete je nach Sai-
son 400–700 Euro. *Tel. 03 89 47 01 27
| www.gite-alsace-ahds.fr*

HOSTELLERIE SAINT BARNABÉ

Eine Oase der Ruhe 5 km nordwestlich von Guebwiller mitten in einem
schönen Naturpark. 26 elegante Zimmer, dazu ein Tennisplatz und Mini-
golf. Zum Abbau von Stress gibt es
Ayurveda- oder Shiatsumassagen. Im
Restaurant *(tgl. | €– €€)* exzellente
Saisonküche, die vor allem Produkte
regionaler Erzeuger verwendet. *Buhl-
Murbach | Tel. 03 89 62 14 14 | Fax
03 89 62 14 15 | www.hostellerie-st-
barnabe.com | €€– €€€*

SÜDELSASS

Der Grand Ballon ist mit seinen 1424 m die höchste Erhebung in den Vogesen

◼ AUSKUNFT

73, Rue de la République | Tel. 03 89 76 10 63 | Fax 03 89 76 52 72 | www.tourisme-guebwiller-soultz.com

◼ ZIELE IN DER UMGEBUNG ◼

BUSSANG [122 A5]

Seit 1895 wird im Vogesendorf Bussang (dt.: Büssingen) 50 km westlich von Guebwiller Theater gespielt. Damals hatte der Fabrikantensohn und Schriftsteller Maurice Potecher das erste freie Theater Frankreichs außerhalb von Paris ins Leben gerufen. Als Zuschauer, Schauspieler, Handwerker und Schneider nahm das ganze Dorf an dem Projekt Volkstheater teil. Noch heute kann man die Wand hinter der Bühne aufschieben. Wenn sich im Hintergrund der Bühne der Vogesenwald abzeichnet, wird auch dem letzten Zuschauer klar, dass er sich nicht in einem herkömmlichen Theater befindet.

LE GRAND BALLON ⭐ ✲ [122 C5]

Höchster Vogesengipfel (1424 m, dt.: Großer Belchen) im Westen von

MARCO POLO HIGHLIGHTS

⭐ **Le Grand Ballon**
Genießen Sie den Panoramablick vom Großen Belchen, dem höchsten Punkt der Südvogesen (Seite 80)

⭐ **Murbach**
In einem traumhaften Tal erhebt sich die Kirche des ehemaligen Benediktinerklosters – eines der schönsten romanischen Bauwerke des Elsass (Seite 80)

⭐ **Musée National de l'Automobile**
Über 100 Jahre Automobilgeschichte werden in Mulhouse lebendig (Seite 82)

⭐ **Écomusée Ungersheim**
Museumsdorf mit zahlreichen Aktivitäten (Seite 86)

⭐ **Ferrette**
Schön gelegenes Städtchen am Eingang des elsässischen Jura (Seite 87)

Guebwiller mit großartigem Blick. Vor allem im Herbst und Winter kann man bisweilen bis zu den Alpen sehen. Von der Straße läuft man circa 20 Minuten auf den Gipfel. Wer auf den Höhen übernachten möchte, kann dies in dem vom Vogesenclub restaurierten, 75 Jahre alten *Chalet-Hôtel du Grand Ballon (Tel. 03 89 48 77 99 | Fax 03 89 62 78 08 | €)* tun. Es gibt 25

Detail an Saint-Thiébaut: Für die Thanner ist ihr Münster das schönste

einfache Zimmer für zwei bis vier Personen, davon einige mit eigenem WC und Dusche.

LAUTENBACH [122 C5]

Sehenswert in dem 8 km nördlich gelegenen Ort ist die romanische Stiftskirche aus dem 11./12. Jh. mit einer sehr schönen dreibogigen Vorhalle. Das Portal ist mit merkwürdigen Skulpturen und Relieffiguren geschmückt – unter ihnen eine grinsende Hexe. Im Innern findet sich eine reiche gotische und barocke Einrich-

tung. Neben der Kirche kann man im *Bistro Aux Deux Clefs (So geschl.)* alte Emaillereklameschilder bewundern. Der Ort ist auch durch den Roman des Schriftstellers Jean Egen, „Die Linden von Lautenbach", bekannt geworden. Egen schildert anschaulich den Konflikt der Elsässer zwischen ihrer teilweise germanischen Kultur und ihrem Hingezogensein zu Frankreich.

Einen Besuch lohnt das liebevoll gestaltete Museum *Vivarium du Moulin(6, Rue du Moulin | Di–So 14–18, Juli/Aug. tgl. 10–18 Uhr | 6 Euro)*, das im Ortsteil Lautenbachzell in einer Mühle untergebracht ist. Hier sind Spinnen, exotische Insekten und Ameisen zu sehen. Herrlichen Hausmacherkäse gibt es beim Melker André Schickel in der *Auberge Huss (Mai–Mitte Okt. | Tel. 03 89 82 27 20)*.

LE MARKSTEIN [122 B5]

Auf einer Höhe von 1176 m bietet sich einer der schönsten Panoramablicke der Vogesen. Spaß macht eine Fahrt auf der Sommerschlittenbahn.

MURBACH [122 C5]

In einem sehr schönen bewaldeten Seitental der Lauch liegt 8 km nordwestlich die Klosterkirche Murbach, eines der bedeutenden romanischen Bauwerke der Rheinebene. Das 728 gegründete Stift war jahrhundertelang ein einflussreiches wirtschaftliches und politisches Zentrum weit über das Elsass hinaus.

ROUTE JOFFRE [124 B1]

25 km südwestlich eine traumhafte, 15 km lange Bergstraße mit schönen Blicken, die über den Hundsrücksat-

tel in das schöne Städtchen *Masevaux* (dt.: Masmünster) führt.

THANN [122 C6]

Bekannt ist das Städtchen 25 km südwestlich (8000 Ew.) vor allem durch seine *Stiftskirche Saint-Thiébaut*, die neben dem Straßburger Münster als bedeutendstes gotisches Bauwerk des Elsass gilt. Darauf bilden sich die Thanner etwas ein: Eine Redensart sagt, das Freiburger Münster sei zwar größer, das Straßburger höher, aber das Thanner am schönsten. Sehenswert ist außerdem die *Kornhalle* aus dem 16. Jh. In einer halben Stunde kann man zur ✿ *Burgruine Engelsburg* hinauflaufen. Als die Burg im 17. Jh. gesprengt wurde, kippte ein Teil des Turms auf die Seite. Heute wird er im Volksmund *Œil de la Sorcière,* Hexenauge, genannt. Gute, bürgerliche Kost *(Sa/So geschl. | €–€€)* und zehn einfache Hotelzimmer bietet im 6 km entfernten *Cernay* die *Hostellerie d'Alsace (61, Rue Poincaré | Tel. 03 89 75 59 81 | Fax 03 89 75 70 22 | www.hostellerie-alsace.fr | €).*

10 km nordwestlich von Thann findet sich in *Husseren-Wesserling* in einer ehemaligen Weberei ein *Textil- und Kostümmuseum (April–Mitte Juni Di–So 10–12 und 14–18, Mitte Juni–Sept. tgl. 10–18, Okt.–März Di bis So 10–12 und 14–17 Uhr | 6 Euro | www.parc-wesserling.fr)* mit einem ==sehenswerten Park.==

MULHOUSE

[125 D2] „Stadt der tausend Schornsteine", so wurde das Manchester Frankreichs lange Zeit bezeichnet. Heute

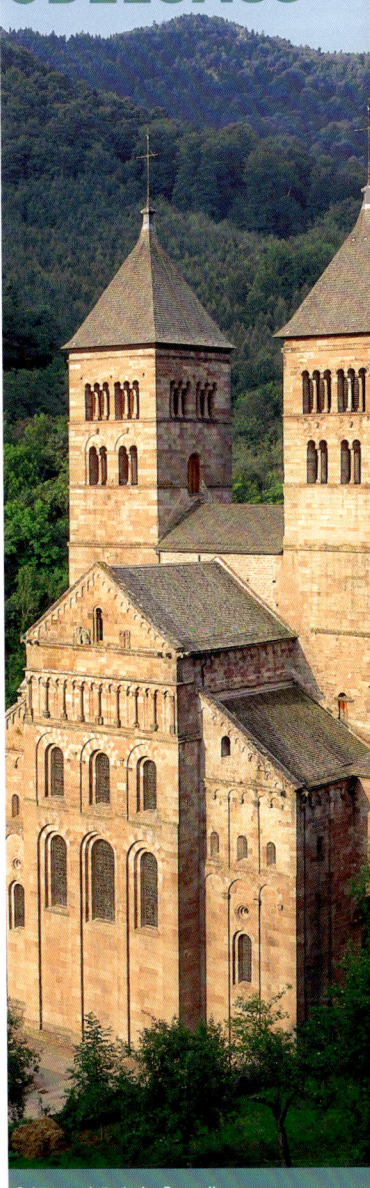

Schönste elsässische Romanik:
die Klosterkirche Murbach

raucht von ihnen kaum einer mehr, geblieben ist eine solide Industriekultur. Davon zeugen einige hervorragende technische Museen *(www.musees-mulhouse.fr),* auf die die zweitgrößte Stadt des Elsass (mit Randgebieten 280 000 Ew., dt.: Mülhausen) zu Recht stolz ist. In den letzten Jahren wurde die Innenstadt schön herausgeputzt, ein Bummel lohnt sich durchaus.

SEHENSWERTES

ALTES RATHAUS

Stattlicher, reich bemalter Renaissancebau mit überdachter Doppeltreppe aus dem 16. Jh. auf der *Place de la Réunion,* dem schönsten Mülhauser Platz. In dem sehenswerten Ratssaal tagt noch heute der Gemeinderat. Vor dem Rathaus steht eine Nachbildung des Klappersteins. Wer über seine Mitmenschen herzog, wurde im Mittelalter dazu verurteilt, mit dieser fast 13 kg schweren, Grimassen schneidenden Maske um den Hals auf einem Esel durch die Stadt zu reiten, auf dem er zudem mit dem Gesicht nach hinten sitzen musste.

BELVÉDÈRE

Kleiner Aussichtsturm nahe dem Zoo auf dem Rebberg, einem alten Weinberg und Nobelviertel von Mulhouse mit schönen, alten Villen. Vom Turm hat man einen weiten Blick bis zu den Vogesen. Auf dem Belvédère befindet sich auch eine Gedenkstätte für die *Malgré nous,* die elsässischen Zwangseingezogenen im Zweiten Weltkrieg.

CITÉ DU TRAIN

Circa 100 Dampf- und Elektroloks, Personen- und Güterwaggons parken auf dem großen Gelände, allein die Halle des Eisenbahnmuseums umfasst 13 000 m². Neben moderneren Triebwagen gibt es die Oldtimer der Eisenbahngeschichte zu sehen, so eine „Saint-Pierre" aus dem Jahr 1847. Im gleichen Gebäude ist eine Sammlung von Feuerwehrutensilien aus verschiedenen Ländern untergebracht. *2, Rue Alfred de Glehn | April–Okt. tgl. 10–18, Nov./Dez. und Feb./März 10–17, Jan. Mo–Fr 10 bis 14, Sa/So 10–17 Uhr | 10 Euro, Kombiticket mit Automuseum 17,50 Euro | www.citedutrain.com*

MUSÉE NATIONAL DE L'AUTOMOBILE ★

Die Sammlung, die mehr als 100 Jahre Automobilgeschichte widerspiegelt, umfasst 400 Oldtimer. Bedeutend ist vor allem die Bugattisammlung, darin zwei Bugatti-Royale, die zu den luxuriösesten und teuersten Autos der Welt zählen. 900 Jugendstillaternen in der riesigen Halle beleuchten außerdem Modelle der Marken Mercedes, Ferrari, Maserati und auch den Rolls-Royce von Charlie Chaplin. *192, Avenue de Colmar | April–Okt. tgl. 10–18, Nov./Dez. und Feb./März 10–17, Jan. Mo–Fr 13 bis 17, Sa/So 10–17 Uhr | 10,50 Euro, Kombiticket mit Eisenbahnmuseum 17,50 Euro | www.collection-schlumpf.com*

MUSÉE DES BEAUX-ARTS

Die Sammlung des Museums der schönen Künste reicht vom Mittelalter bis zum 20. Jh. Es werden Werke von Boucher, Breughel und Cranach gezeigt, außerdem eine Kollektion von Werken des Sundgauer Malers Jean-Jacques Henner und Sonderaus-

Im Renaissancerathaus von Mulhouse wird seit fünf Jahrhunderten Politik gemacht

stellungen zeitgenössischer Künstler. *4, Place Guillaume Tell | Mi–Mo 10 bis 12 und 14–18, Juli/Aug. bis 18.30 Uhr | Eintritt frei*

MUSÉE DE L'IMPRESSION SUR ÉTOFFES

Das Stoffdruckmuseum zeichnet die Geschichte und Entwicklung des Stoffdrucks im 18. und 19. Jh. nach und nennt eine Sammlung von 3 Mio. Musterdrucken sein Eigen. Ferner gibt es wechselnde Sonderausstellungen. *14, Rue Jean-Jacques Henner | Di–So 10–12 und 14–18 Uhr | 7 Euro*

PARC ZOOLOGIQUE

Mehr als 1200 Tiere tummeln sich in diesem Tierpark, der vor allem auf Grund seiner großzügigen landschaftlichen Gestaltung besticht. *1, Avenue de la 9ème Division Infant Coloniale | Dez.–Feb. tgl. 10–16, März, Okt., Nov. 9–17, April, Sept. 9–18, Mai bis Aug. 9–19 Uhr | 10 Euro | www. zoo-mulhouse.com*

TEMPLE SAINTE-ÉTIENNE

Die unscheinbare protestantische Kirche an der *Place de la Réunion* wurde zwar erst im 19. Jh. gebaut, enthält aber zehn sehr schöne Fenster, die noch aus dem Jahr 1330 stammen, mit Szenen aus dem Alten und Neuen Testament.

◼ ESSEN & TRINKEN ◼

LE CELLIER

Insider Tipp

Angenehmes Restaurant mit aufmerksamem Service knapp zehn Minuten zu Fuß vom Stadtkern. Sehr gute *tartes flambées.* Im Sommer einige Tische draußen. Reservierung empfohlen. *4, Rue des Trois Rois | Tel. 03 89 66 04 84 | Sa-Mittag, Mo-Mittag und So geschl. | €–€€*

RESTAURANT MICHÈLE

Insider Tipp

Michèle Brouet kocht ausgezeichnete, frische Saisonküche, besonders zu empfehlen die delikaten Fischgerichte. *16, Rue de Metz | Tel. 03 89 45 37 82 | Sa-Mittag, So und Mo geschl. | €€–€€€*

OSCAR LE BISTROT

Klassische Bistroküche, gute Weinkarte, nettes Ambiente. *1, Avenue Maréchal Joffre | Sa/So geschl. | Tel. 03 89 45 25 09 | www.bistrot-oscar. com | €€*

Im Mulhouser Vorort Riedisheim finden Sie das Feinschmeckerrestaurant La Poste

HOSTELLERIE PAULUS

Im idyllisch gelegenen Dorf *Landser* 11 km südlich in einem schönen, behutsam restaurierten Fachwerkhaus legt Meisterkoch Hervé Paulus Wert auf frische Produkte und serviert kreativ verfeinerte elsässische Kost. *4, Place de la Paix | Tel. 03 89 81 33 30 | So-Abend und Mo geschl. | €€€*

LA POSTE

Der Mulhouser Gourmettempel befindet sich im Vorort *Riedisheim. 7, Rue du Général de Gaulle | Tel. 03 89 44 07 71 | www.restaurant-kie ny.com | So-Abend, Di-Mittag und Mo geschl. | €€€*

LE RUSTIQUE

Winstub mit solider Hausmannskost. *116, Rue de Bâles | Tel. 03 89 64 40 99 | Mo geschl. | €*

ZUM SAÜWADALA

Mitten in der Altstadt liegt diese urige Winstub. Schmackhafte Hausmacherkost, besonders zu empfehlen der *baeckeoffe. 13, Rue de l'Arsenal | Tel. 03 89 45 18 19 | www.restaurant-sauwadala.com | Mo-Mittag und So geschl. | €-€€*

◼ EINKAUFEN ◼

Besonders knusprige Croissants gibt es in der *Patisserie Scherrer (2, Rue Bonbonnière, | auch So-Morgen)*. Guten Espresso bekommen Sie in der Rösterei *Café Reck (24, Rue Henriette)*. Dort können Sie auch erstklassigen Kaffee, Tee und Schokolade kaufen. Käseliebhaber lassen sich *Au Bouton d'Or (5, Place de la Réunion | www.auboutondor.fr)* nicht entgehen, eines der besten Käsegeschäfte der Region, wo Sie unter rund 270 Sorten wählen können. Hier decken sich auch viele Spitzenköche mit sorgfältig gereiften Rohmilchkäsen ein. Naschkatzen kommen in der nahen *Patisserie Jacques (50, Avenue Altkirch | www.patisserie-jacques. com)* in große Versuchung.

Unweit hiervon liegen die beiden Mulhouser Glitzereinkaufsgalerien:

L'Espace Réunion und *Cour des Maréchaux*. Etwas weniger edel, dafür aber umso bunter geht es am Dienstag, Donnerstag und besonders am Samstag auf dem basarähnlichen *Marché du Canal Couvert (Rue Aristide Briand)* zu.

■ ÜBERNACHTEN

BEST WESTERN HÔTEL DE LA BOURSE

48 geschmackvoll eingerichtete und kürzlich renovierte Zimmer wenige Gehminuten von Bahnhof und Altstadt. *14, Rue de la Bourse | Tel. 03 89 56 18 44 | Fax 03 89 56 60 51 | www.bourse-hotel.com | €–€€*

HÔTEL DU PARC 🔊

Die beste Adresse in Mulhouse. 76 geschmackvoll im Art déco eingerichtete Zimmer mit höchstem Komfort. Dazu gehört ein Feinschmeckerrestaurant *(Sa-Mittag und So-Abend geschl.). 26, Rue de la Sinne | Tel. 03 89 66 12 22 | Fax 03 89 66 42 44 | www.hotelduparc-mulhouse.com | €€€*

HOTEL SALVATOR 🔊

Familienhotel der Mittelklasse mit freundlichem, persönlichem Empfang. Es liegt günstig in Innenstadtnähe. 50 zweckmäßige, geschmackvoll eingerichtete Zimmer. *29, Passage Central | Tel. 03 89 45 28 32 | Fax 03 89 56 49 59 | www.hotelsalvator.fr | €*

■ AM ABEND

Ein Paradies für Bierfreunde ist die *Brasserie Gambrinus (5, Rue des Franciscains)*: 30 verschiedene Biere vom Fass, an die 1000 Sorten Flaschenbier. In der Weinbar *Les Copains d'abord (13, Rue Louis Pas-*

teur) kommen Weinfreunde auf ihre Kosten. An lauen Sommerabenden ist die Terrasse des *Café Le Moll* an der Place de la République ein beliebter Treffpunkt. Die junge Kunstszene trifft sich im ▶▶ *L'Entrepot* (50, Rue du Nordfeld | www.lentrepot.org). **Insider Tipp** Abends gibt es hier oft Tanz-, Kabarett-, Theater- oder Musikveranstaltungen, und in der Bar sind wechselnde Kunstausstellungen guten Niveaus zu sehen. In der Bar des Luxushotels *Hôtel du Parc (26, Rue de la Sinne)* genießt man seinen Cocktail mit dezenter Livemusik *(Fr/Sa ab 22 Uhr Piano)*. Nachtschwärmer treffen

>LOW BUDGET

> In Mulhouse bietet die *Jugendherberge (37, Rue de l'Illberg | Tel. 03 89 42 63 28 | www.fuaj.org/Mulhouse)* mitten im Univiertel preisgünstige Zimmer, ein nettes Ambiente und auch Zeltplätze für Camper.

> Leckere Sandwiches, Salate und Kuchen gibt es mitten im Zentrum von Mulhouse in der *Bäckerei Paul (15, Rue Werkhof)*, eine große Auswahl an belegten *moricettes* (Laugenbrötchen) bei *Poulaillon (12, Rue Mercière)*.

> Im Dörfchen Ferrette im Sundgau finden Sie das preiswerte Hotelrestaurant *Le Felseneck (8 Zi. | 42, Rue du Château | Tel. 03 89 08 21 28 | www.lefelseneck.fr)*. Eine weitere gute und günstige Adresse für Familien und kleine Gruppen ist auch das Begegnungszentrum *Maison Saint-Bernard (Tel. 03 89 08 13 13 | www.cerl-lucelle.fr)* in Lucelle.

MULHOUSE

sich gerne in der Bar *Le Passage (23, Passage des Augustins)*. Die Rockmusik- und Alternativkultur kommt in einer ehemaligen Lagerhalle und

Insider Tipp

Fabrik am Stadtrand im *Noumatrouff (57, Rue Mertzau | www.noumatrouff.com)* zu ihrem Recht.

Das Kulturzentrum *Filature (20, Allée Nathan Katz | www.lafilature.org)* schließlich, ein hochmoderner Bau des Architekten Claude Vasconi, bietet von September bis Juni ein weit gefächertes Angebot an Theater- und Tanzaufführungen sowie Konzerten.

◼ BÄDER ◼

Insider Tipp

Wer wohlige Wärme sucht, dem seien die *Bains Romains* in der *Piscine Pierre et Marie Curie (7, Rue Pierre et Marie Curie | Sept.–Mai, gemischt Di 16–21, Do 17.30–21, Sa 14–19.15 Uhr, Männer Do 8.30–11.45 und 14.30–17.30, Sa 8.30–11.45 Uhr, Frauen Mi 14–19.15 und Fr 8.30*

bis 11.45 und 14.30–21 Uhr | 15 Euro) empfohlen – eine Mischung aus Sauna, Dampfbad sowie Kalt- und Warmwasserbecken in Räumen in großzügigem Jugendstil.

◼ AUSKUNFT ◼

9, Avenue Maréchal Foch | Tel. 03 89 35 48 48 | Fax 03 89 45 66 16 | www.tourisme-mulhouse.com

◼ ZIELE IN DER UMGEBUNG ◼

ÉCOMUSÉE UND BIOSCOPE UNGERSHEIM ★ [123 D5]

Mitten in einem ehemaligen Kalirevier 12 km nördlich erstreckt sich auf über 100 ha das größte französische Freilichtmuseum. Mehr als 70 zum Teil vom Abriss bedrohte Gebäude aus dem 12.–20. Jh. wurden hier liebevoll wiederaufgebaut, darunter eine alte Sägemühle, der Wehrturm eines Edelmanns, Fischerhütten und Werkstätten, in denen Besucher

Nostalgisches Landleben: Ein Besuch im Freilichtmuseum in Ungersheim gerät zur Zeitreise

Handwerkern zusehen können. Noch in Betrieb ist ein prachtvolles französisches Salonkarussell von 1900 mit Bar, Plüsch- und Lederlogen und Tanzfläche – die Diskothek unserer Vorfahren. Gleich nebenan wurde 2005 das *Bioscope* eröffnet, ein pädagogischer Freizeitpark zum Thema Umwelt und Gesundheit. *Écomusée Juli/Aug. tgl. 10–19, Mai/Juni, Sept. und Ende Nov.–Anfang Jan. Mi–So 10–18, April und Okt. Mi–So 10–17 Uhr | 10 Euro, Kombiticket 16 Euro | www.ecomusee-alsace.fr; Bioscope Juli/Aug. tgl. 10–19, April–Juni und Sept.–Mitte Nov. wechselnde Öffnungszeiten, meist Mi–So 10–18 bzw. 17 Uhr | 13 Euro, Kombiticket 16 Euro | www.lebioscope.com*

MUSÉE DU PAPIER PEINT   [125 E2]

Das Tapetenmuseum im Vorort *Rixheim* kann aus einem reichen Fundus von 130 000 Tapeten schöpfen. *28, Rue Zuber | Mai–Okt. tgl., Nov.–April Mi–Mo 10–12 und 14–18 Uhr | 6 Euro | www.museepapierpeint.org*

LA PETITE CAMARGUE   [125 F3–4]

Bei Saint-Louis kurz vor Basel befindet sich dieses idyllische Naturreservat in einem der letzten Feuchtauengebiete am Oberrhein. Besucher können die Gebäude der 1852 eröffneten ehemaligen Kaiserlichen Fischzuchtanstalt bewundern und über das gut 1 km² große Gelände streifen, das zahlreichen vom Aussterben bedrohten Tieren einen Lebensraum bietet. Eine Ausstellung mit französischen und deutschen Infotafeln informiert über das empfindliche Ökosystem der Auengebiete, die Bedeutung des Rheins für seine Anliegerstaaten und die Geschichte der Fischzucht entlang des Stroms. Das Reservat ist ständig zugänglich und kostet keinen Eintritt. *Ausstellung Juni–Sept. Mi/Do und Sa 13.30–17.30, So 10–12.30 und 13.30 bis 17.30 Uhr | 5 Euro | www.petite camarguealsacienne.com*

SUNDGAU   [124–125 C–F 2–5]

Nicht nur für Liebhaber von gebratenen Karpfen, die hier in vielen Restaurants als *carpes frites* auf den Tisch kommen, empfiehlt sich ein Abstecher in den Sundgau ganz im Süden des Elsass. Schöne Dörfer mit stattlichen, liebevoll restaurierten Bauernhöfen zeugen vom Wohlstand einer Region, in der zahlreiche Pendler in der benachbarten Schweiz arbeiten und wo die Arbeitslosenquote zu den niedrigsten in ganz Frankreich gehört. Hier bietet der elsässische Jura ideale Bedingungen für Wanderer, Mountainbiker und Reiter.

Im Sundgau liegt der 50-Seelen-Ort *Lucelle*, durch dessen Mitte die Grenze zur Schweiz verläuft. Schön ist eine Fahrt über das wenige Kilometer nördlich gelegene *Winkel*, wo die Ill entspringt. Einen Besuch wert ist auch das mittelalterliche Städtchen ★ *Ferrette* mit seinen zwei Burgruinen. Im benachbarten *Vieux Ferrette* finden Sie den Käseladen von *Bernard Antony* (5, Rue Montagne | Tel. 03 89 40 42 22), einem der besten Affineure Frankreichs, der Spitzenköche in aller Welt beliefert.

Sieben gemütliche Zimmer und schmackhafte Hausmannskost bietet das Hotelrestaurant *Collin (8 Zi. | Di/Mi geschl. | 4, Rue du Château | Tel. 03 89 40 38 26 | www.hotelcollin. fr | €–€€)* am Ortseingang.

> SCHÖNE AUSSICHTEN

Auf zwei Touren unterwegs im Elsass zwischen Rheintal und Vogesen

Die Touren sind auf dem hinteren Umschlag und im Reiseatlas grün markiert

1 VOM RHEIN IN DIE HOCHVOGESEN

Die Route beginnt am ehemaligen Grenzübergang auf der Rheinbrücke bei Breisach und führt zunächst nach Colmar. Nach dem Mittagessen in Ammerschwihr oder Kaysersberg geht es hinauf in die Hochvogesen und ein Stück auf der Route des Crêtes entlang. Durchs Münstertal fahren Sie hinunter nach Turckheim bzw. Colmar, wo die Fahrt endet. Die rund 100 km

lange Tour, die vor allem landschaftliche Höhepunkte bietet, ist an einem Tag zu schaffen, wer jedoch genügend Zeit für Besichtigungen in Colmar haben möchte, sollte besser zwei Tage veranschlagen.

Erste Station im Elsass ist **Neuf-Brisach,** das direkt gegenüber dem deutschen Breisach auf der linken Rheinseite liegt. Die gut erhaltene, kleine Festungsstadt entstand von 1698 bis 1708 im Auftrag Ludwigs XIV. Vauban hatte sie als Bollwerk

Bild: Wasserfall von Nideck

AUSFLÜGE & TOUREN

gegen das damals österreichische Breisach auf der anderen Seite des Rheins konzipiert. Die 5 m hohe und bis zu 4,50 m breite Mauer bildet ein Achteck um die streng geometrisch angelegten Straßenzüge.

Ein Spaziergang durch das Zentrum lohnt sich. Wer jetzt schon Hunger hat: Deftige Hausmannskost (und 45 einfache Zimmer) bietet das Hotelrestaurant **Aux Deux Roses** *(11, Route de Strasbourg | Tel. 03 89 72 56 03 |* *Fax 03 89 72 90 29 | www.alsace2 roses.com | außer im Sommer So geschl. | €).*

Von Neuf-Brisach führt Sie die Nationalstraße 415 nach **Colmar** *(S. 60),* für viele die schönste Stadt im Elsass. Hier sollten Sie sich etwas Zeit nehmen, um zumindest einige der zahlreichen Sehenswürdigkeiten zu besichtigen. Wer Colmar etwas besser kennenlernen will, sollte hier ein Zimmer reservieren.

Für die Weiterfahrt nehmen Sie wieder die N 415 und fahren in Richtung Kaysersberg bis Ingersheim, von dort rechts ab auf der D 10 nach **Sigolsheim.** Der kleine Winzerort ist für besonders guten Wein bekannt. Zur Weinprobe lädt beispielsweise der örtliche Genossenschaftskeller **Cave Vinicole** *(12, Rue Saint-Jacques)* ein. Lohnend ist auch ein Besuch in der romanischen Kirche **Saints-Pierre-et-Paul,** die Ende des 12. Jhs. errichtet wurde. Das Portal zeigt den thronenden Christus.

Wer besonders gut essen will, kann dies nahe Sigolsheim in **Ammerschwihr** im renommierten Gourmetrestaurant **Aux Armes de France** *(1, Grand'Rue | Tel. 03 89 47 10 12 | Mi/Do geschl. | www.aux-armes-de-france.com | €€€)* tun. Sie können aber auch gleich weiter in Richtung **Kaysersberg** *(S. 66)* fahren und dort eine Rast einlegen. Feinschmeckern ist das Restaurant **Le Chambard** *(9–13, Rue du Général-de-Gaulle | Tel. 03 89 47 10 17 | Di-Mittag, Mi-Mittag und Mo geschl. | €€€)* zu empfehlen. Einfacher, aber dennoch ausgezeichnet speist man in der dazugehörigen **Winstub du Chambard** *(tgl. | €€).* Nach dem Mittagessen geht es über die gut ausgebaute N 415 weiter nach Westen. Nach wenigen Kilometern nach links Richtung Orbey abbiegen.

Die D 48 führt in einigen Serpentinen bis zum **Lac Blanc,** einem hübschen, kleinen Gebirgssee. Hier wurde eine Skistation mit mehreren Liften ausgebaut – bei Wintersportwetter ist der Andrang entsprechend. Im Sommer können sich sportliche Radfahrer im ▶▶ **Bikepark** *(www.lacblanc-bikepark.com)* vergnügen. Vom Lac Blanc führt die Straße weiter bis zur **Route des Crêtes,** der Höhenkammstraße *(S. 69).* Von hier aus haben Sie eine herrliche Sicht über die Hochvogesen – leider ist diese sehr beliebte Ausflugsstraße am Wochenende entsprechend überfüllt (und im Winter und Frühjahr häufig gesperrt).

Der Lac Blanc: im Sommer wie im Winter ein schönes Ausflugsziel

AUSFLÜGE & TOUREN

Wenn Sie die Route des Crêtes (D 61) erreicht haben, biegen Sie nach links ab. Nach einigen Kilometern sehen Sie auf der linken Seite einen schönen Wasserfall. Sie verlassen die Kammstraße kurz vor dem Col de la Schlucht und biegen links in die D 417 Richtung Munster ein. Wenn Sie Lust auf einen Spaziergang haben, können Sie von der D 417 links abbiegen in Richtung *Lac Vert* – ein besonders idyllisches Plätzchen.

Nächste Station ist der Ort **Munster** *(S. 66)*. Gut essen können Sie rund 5 km östlich von Munster in **Wihr-au-Val** im Restaurant **Nouvelle Auberge** *(9, Route Nationale | Tel. 03 89 71 07 70 | www.nauberge.com | €€)*, einer ehemaligen Poststation: entweder Deftiges in der Winstub *(Di und abends geschl.)* oder im Restaurant *(Mo/Di geschl.)*, das gepflegte, traditionelle Küche anbietet.

Von Munster aus sollten Sie die D 10 nehmen – sie führt parallel zur D 417 mitten durch Weinberge nach **Turckheim** *(S. 69)*. In einem der schönsten Häuser von Turckheim ist das **Hôtel des Deux Clefs** *(Rue du Conseil | Tel. 03 89 27 06 01 | Fax 03 89 27 18 07 | www.hotellerie-deux clefs.fr | €€)* mit 41 komfortablen Zimmern untergebracht. Etwas außerhalb von Turckheim finden Sie in **Les Trois Épis** an der D 11 die *Villa Rosa (4, Rue Thierry Schoeré | Tel. 03 89 49 81 19 | Fax 03 89 78 90 45 | www.villarosa.fr | €€)*, ein hübsches, kleines Hotel mit acht gemütlichen Zimmern, Schwimmbad, Whirlpool, Sauna und einem schönen Garten mit alten Rosen. Im dazugehörigen Restaurant *(Do-Abend geschl.)* wird mit Biogemüse, Wildkräutern und Fleisch

von regionalen Bauernhöfen gekocht und im Herbst mit Pilzen aus den Vogesen. Ab und zu gibt es Kochkurse, teils auch für Vegetarier. Wenn Sie dagegen noch Lust auf etwas Nachtleben haben, sollten Sie weiterfahren bis Colmar und dort übernachten.

2 BERG-UND-TAL-FAHRT ZU STRASSBURGS HAUSBERGEN

Diese Rundfahrt führt von Straßburg nach Westen durchs Breuschtal und über den Champ du Feu, den Ausflugsberg der Straßburger, wieder zurück in die Europastadt. Für die knapp 250 km sollten Sie sich zwei Tage Zeit nehmen.

Von Straßburg aus folgen Sie den Autobahnschildern und fahren ein Stück auf der A 35 in Richtung Flughafen und dann nach **Molsheim** *(S. 74)*. Knapp 15 km nach Mutzig verlassen Sie die Schnellstraße und biegen in die D 218 ein. Diese Straße führt Sie durch das romantische Haseltal nach **Oberhaslach**, wo der hl. Florentinus im 7. Jh. als Einsiedler gelebt und die Abtei Niederhaslach gegründet haben soll. Von Oberhaslach geht es weiter auf der D 218 bis zum **Wasserfall von Nideck,** der ein beeindruckendes Naturschauspiel bildet. Der Wasserfall und die nahen Burgruinen Nideck, Hohenstein und Ringelstein sind beliebte Ausflugsziele, an denen sich an Wochenenden zahlreiche Wanderer tummeln.

Als nächste Etappe empfiehlt sich ein Besuch des **Mémorial Alsace-Lorraine** *(147, Grand'Rue | Di–So 10–18, Mai bis Sept. bis 18.30 Uhr | 10 Euro | www.memorial-alsace-moselle.org)* in **Schirmeck** (die D 218 über Oberhaslach zurück bis zur N 420, dann rechts bis Schirmeck). Mit moderner Museumschoreografie wird hier die wechselvolle Geschichte des Elsass seit 1870 nachgezeichnet.

Von Schirmeck aus können Sie einen Abstecher zum ❋ **Donon** machen, dem mit 1009 m höchsten Gipfel der Nordvogesen. Dorthin führt die D 392. Das letzte Stück müssen Sie zu Fuß gehen – ein mit Treppen ausgebauter und beschilderter Spazierweg führt auf den Gipfel. Die Mühe lohnt sich nicht nur wegen der herrlichen Aussicht auf die Rheinebene und bis zum Schwarzwald. Der Donon verströmt auch eine eigenartige, fast mystische Aura. Überreste gallorömischer Tempel mit Infotafeln erinnern an die historische Bedeutung dieser Stätte.

Vom Donon führt die D 993 ins wenige Kilometer entfernte **Grandfontaine,** wo ein kleines **Bergwerksmuseum** *(Juli/Aug. tgl 14–18 Uhr | 3 Euro)* an den Abbau von Eisenerz im 12. Jh.

erinnert. Am Ortsausgang rechts abbiegen, in Richtung Étang du Coucou und Salm – der Weg führt Sie aufs **Salmhochplateau,** das einst zum Besitz der im Rheinland ansässigen Fürsten Salm gehörte. An sie erinnert das in 800 m Höhe gelegene Schloss Salm. In der kargen und rauen Landschaft des Hochplateaus ließen sich zu Beginn des 18. Jhs. Mennoniten nieder. In Salm ist ein Friedhof dieser für ihr gottesfürchtiges, spartanisches Leben bekannten Religionsgemeinschaft zu besichtigen. In Grandfontaine können Sie im Hotelrestaurant **Le Velleda** *(Tel. 03 88 97 20 32 | www.restaurant-velleda.com | €€)* gut essen.

Nach dem Mittagessen geht es zurück nach Schirmeck und von dort über die N 420 bis zur Ortschaft Fouday. Von hier aus führt die D 57 nach **Ban-de-la-Roche** (dt.: Waldersbach), wo von 1767 bis 1826 der evangelische Pastor und Sozialreformer Johann Friedrich Oberlin wirkte. Oberlin setzte sich nicht nur für das

Reste gallorömischer Tempel verleihen dem Donon eine mystische Aura

Seelenheil seiner Schäfchen ein, sondern bemühte sich auch, ihr hartes Leben in dem kargen Tal erträglicher zu machen. So wurde unter Leitung des vielseitigen und praktisch veranlagten Gottesmannes die Landwirtschaft modernisiert, die Bauern probierten neues Pflanzgut und neue Kartoffelsaaten aus, legten Obstgärten an und veredelten Bäume. Oberlin gilt auch als Erfinder des Kindergartens, weil er „Strickstuben" einrichtete, in denen junge Frauen Kleinkinder betreuten, während die Mütter auf dem Feld mithalfen. Über das Wirken des Pastors, dem Georg Büchner in seiner Novelle „Lenz" ein Denkmal setzte, informiert ein sehenswertes *Museum* *(April–Sept. tgl. 10–19, Okt.–März Mi–Mo 14–18 Uhr | 4,50 Euro | www.musee-oberlin.com).*

Wer den Tag nun mit einem guten Essen ausklingen lassen will, kann dies in **Fouday** tun. Dort bietet das ♫ Hotelrestaurant **Julien** *(12, Route Nationale | Tel. 03 88 97 30 09 | Fax 03 88 97 36 73 | www.hoteljulien. com | Restaurant Di geschl. | Restaurant €€, Hotel €€– €€€)* 48 gemütliche Zimmer. Einige Kilometer weiter in **Colroy-la-Roche** finden Sie die ♫ **Hostellerie La Cheneaudière** *(Tel. 03 88 97 61 64 | Fax 03 88 47 21 73 | tgl. | www.relaischateaux.com/che neaudiere | €€€)*, ein elegantes Hotel mit 32 Zimmern, Schwimmbad, einem Schlemmerrestaurant und einer gemütlichen *Weinstube (Mo-Mittag und Do-Mittag geschl.).*

Von Colroy-la-Roche geht es am nächsten Tag weiter ins Dörfchen **Salcée,** von dem sich ein Abstecher über den landschaftlich reizvollen Steigepassauf das ☀ **Climonthochpla-**teau empfiehlt, das einen herrlichen Panoramablick über die Vogesen bietet. Dann geht es weiter auf der D 214 zum Col d'Urbeis und von dort über die D 39 in Richtung Villé. Kurz nach Villé zweigt bei Saint-Martin die D 225 ab, die Sie zum **Champ du Feu** führt, dem Hausberg der Straßburger.

Vom Champ du Feu führt die D 214 weiter zum **Odilienberg** *(S. 74).* Wer will, kann zuvor von der D 214 links in die D 130 einbiegen und das ehemalige Konzentrationslager **Mémorial National de la Déportation Struthof-Natzwiller** *(März–Mitte April und Mitte Okt.–24. Dez. tgl. 9–17, Mitte April bis Mitte Okt. 9–18.30 Uhr | 6 Euro | www.struthof.fr)* besuchen. Es ist das einzige Vernichtungslager, das die Nationalsozialisten auf französischem Boden errichtet haben. Über 40 000 Gefangene waren hier von 1941 bis 1944 interniert, etwa 12 000 kamen im Lager ums Leben. Vier der ehemals 17 Baracken können besichtigt werden, in einer davon ist das Krematorium untergebracht.

Vom Mont Sainte-Odile aus geht es bergab nach **Ottrott,** wo Sie den Rouge d'Ottrott probieren können, einen der wenigen Rotweine des Elsass. Von hier führt die D 35 weiter nach **Blaesheim.** Gute elsässische Regionalküche genießen Sie im Hotelrestaurant **Le Bœuf** *(32, Rue du Maréchal Foch | Tel. 03 88 68 68 99 | Fax 03 88 68 60 07 | www.hotel-au-boeuf. com | Sa-Mittag und So geschl. | € –€€).* Das in einem alten Fachwerkhaus untergebrachte Etablissement bietet 22 komfortable Zimmer. Von Blaesheim sind Sie in wenigen Minuten auf der N 422, die Sie nach Straßburg zurückführt.

EIN TAG IN STRASSBURG

Action pur und einmalige Erlebnisse.
Gehen Sie auf Tour mit unserem Szene-Scout

WAKE UP

9:00

Rauf auf den Elektroroller und losflitzen. Der Tag beginnt mit einer Segwaytour durch die City. Wenn der Hunger kommt: zum nächsten Sandwichstand düsen und das perfekte französische Sandwich kaufen. Reinbeißen und genießen! **WO?** *Nur mit Reservierung unter info@citypod.fr | Kosten: ab 35 Euro | Tel. 06 74 66 35 00 | www.sk-productions.fr; Sandwiches: 7, Place Saint-Nicolas-aux-Ondes, Campus Esplanade*

10:00

NERVENKITZEL

Nun heißt es Helm auf und Gurtzeug anlegen: Im Abenteuerpark *Lac Blanc* beweisen Mutige ihr Können, wenn sie in 10 m Höhe, nur an einem Karabinerhaken befestigt, von einem Baumwipfel zum anderen schwingen oder wacklige Holzbrücken überqueren. Da steigt der Adrenalinspiegel. **WO?** *Station du Lac Blanc, Orbey | 30 Min. von Straßburg entfernt | Kosten: 16 Euro | Reservierung unter Tel. 03 89 71 28 72| www.lacblancparcdaventures.com*

KUNSTGENUSS

12:30

Hier gibt es was zu sehen! Unter dem Motto: „Eine Stunde/ein Kunstwerk" beschäftigt man sich in den Straßburger Museen 60 Minuten mit einem bestimmten Werk. Egal ob zeitgenössisch, modern oder antik – ein Museumsführer erklärt Besonderheiten wie Pinselführung oder Stilmerkmale. **WO?** *Jeden Tag in einem anderen Museum | Kosten: ab 4 Euro | Zeitplan und Orte unter www.musees-strasbourg.org*

13:30

LUNCHTIME

Langsam knurrt der Magen und darum ab ins *L'Atelier d'Grand Père*. Hier gibts eine Riesenauswahl an geröstetem und reich belegtem Landbrot. Oder doch lieber einen Salat mit getrockneten Tomaten und Ziegenkäse? Die pinkfarbenen Restaurantwände machen den Lunch zum Gute-Laune-Event. **WO?** *11, Rue Sainte Barbe | www.resto-latelierdgrandpere.com*

24h

KUNST & STYLE

14:30

Der Mix machts. Im *Aquatinte* über-raschen ausgefallene Ausstellungen wie die der Goldschmiedin Tiina Arkko. Lust auf etwas Shopping? Wie wäre es z. B. mit stylishen Porzellan-tassen im Holzmantel? Eines wird klar: Der Designhun-ger wird in jedem Fall befriedigt. **WO?** *5, Quai des Pêcheurs | Di–Sa | www.aquatinte.fr*

15:30

HINTER DEN KULISSEN

Auf zu den *Brasseries Kronenbourg!* Hier dürfen Interes-sierte nicht nur einen Blick in die Braukessel werfen, sondern werden direkt in die Kunst des Bierbrauens eingeführt. An-schließend kann man das Können der Meisterbrauer beurteilen, denn Bierverkostung und Anleitung zum formvollendeten Biertrinken gehören mit zur Tour. **WO?** *68, Route d'Oberhausbergen | Kosten: 6 Euro | Reser-vierung unter Tel. 03 88 27 41 59 | www.brasseries-kronenbourg.com*

SCHOKOFIEBER

17:30

Lust auf was Süßes? Unter Anleitung von Chocolatier Jacques Bockel ist es möglich, seine eigene Schokolade herzustellen. Ein-zig die Wahl zwischen Kaktus- oder Litschigeschmack könnte schwerfallen! **WO?** *77, Grand Rue | Saverne | 30 km von Straßburg | Anmeldung nötig unter Tel. 03 88 91 29 49 | www.planet-chocolate.com*

19:30

DINNER AHOI

Im stylishen Restaurantschiff *Croisières de l'Ill* genießen Gour-mets z. B. Hühnchen in Rieslingsauce, beobach-ten die Sterne durch das verglaste Dach und lassen die nächtliche Stadt an sich vorbeiziehen. **WO?** *Ablegestelle: Quai Finkwiller | Anmeldung nötig unter Tel. 03 88 84 10 01 | www.bateaux-strasbourg.fr*

> AUF VOGESENGIPFEL UND DURCH RHEINAUEN

Gemütlich am Rhein entlangradeln, Straßburg vom Kanu aus erkunden oder einem Meisterkoch über die Schulter schauen

> Lange Zeit war der typische Elsassurlauber über 40, gehörte der Mittelklasse an, interessierte sich für Baudenkmäler und beschauliche Spaziergänge und vor allem fürs gute, üppige Essen und für den Wein.

Doch seit einigen Jahren bemüht sich die Tourismusbranche, der Region ein jüngeres, dynamischeres Image zu geben. Wer sich heute im Elsass sportlich betätigen will, findet eine breite Palette.

BALLONFAHREN & DRACHENFLIEGEN

Flüge mit Heißluftballons unter professioneller Leitung veranstaltet *Aerovision (Tel. 03 89 77 22 81 | Fax 03 89 77 25 70 | www.aerovisionmont golfiere.com)*. Der Abflug erfolgt im Münstertal oder im Sundgau. Kurse im Drachenfliegen können Sie beim *Centre École du Markstein (Zone Artisanale | Oderen | Tel. 03 89 82 17 16| Fax 03 89 38 22 45| www.centreecole*

SPORT & AKTIVITÄTEN

markstein.com) belegen, das Jungfernflüge, Schnupperkurse und Schulungen für Anfänger und Fortgeschrittene anbietet. Eine weitere staatlich anerkannte Gleitflugschule ist *Association Grand'Vol (Tel. nur Mo 20–22 Uhr 03 88 57 11 42| www. grandvol.com)* in Breitenbach.

◼ GOLF

Der größte Golfplatz der Region (27 Löcher) liegt in Straßburgs Vorort Illkirch-Graffenstaden *(Golf Club de Strasbourg | Tel. 03 88 66 17 22).* Kleinere Greens gibt es u. a. im Straßburger Vorort La Wantzenau, in Ammerschwihr, Rouffach und Plobsheim. Informationen: *www.alsace golf.com, www.golfsinalsace.com*

◼ KANU

Zahlreiche kleine Flüsse bieten ideale Bedingungen für Entdeckungstouren per Kanu – etwa auf der Moder durch ein Naturschutzgebiet im Nordelsass, durch den idyllischen Illwald bei Sélestat oder auf dem Rheinnebenarm Kreuzrhein, wo in den letzten Jahren Biber wiederangesiedelt wurden. Auch die Wasserwege rund um die Straßburger Altstadt können Sie per Kanu erkunden. Ausflüge ab einem halben Tag oder auch mehrtägige Touren mit kompetenten Begleitern veranstalten *Itinerair'Alsace (Tel. 03 88 29 56 62 | Fax 03 88 30 97 98 | www.itinerairalsace.com)* und *Canoës du Ried (Tel. 03 89 73 84 82 | www.canoesdu-ried.com)*. Sie können Kanus oder Kajaks reservieren und von rund einem Dutzend Verleihstationen auf eigene Faust lospaddeln. Manche Wasserläufe sind beschaulich, andere verlangen etwas mehr Geschick.

Insider Tipp

Insider Tipp

■ KLETTERN ■

Die Straßburger Climberszene trifft sich gern an den ▶▶ Kletterfelsen von Kronthal knapp 2 km nordwestlich von Marlenheim. Die Felsen sind bis zu 25 m hoch und bieten 70 Kletterpisten unterschiedlicher Schwierigkeitsgrade. *http://escalade-alsace.ifrance.com/falaise/kronthal.html; www.worldtopo.com/rots.php?masn=359*

■ KÜCHE & WEIN ■

Kochkurse für Feinschmecker bietet der Gourmettempel *Le Cheval Blanc* in Lembach *(4, Route de Wissembourg | Tel. 03 88 94 41 86 | www.aucheval-blanc.fr)* an. Ein- bis zweistündige Kochkurse gibt es auch bei *Cuisine Aptitude (2, Quai des Bateliers | Tel. 03 88 36 11 72 | www.cuisineaptitude.com)* in Straßburg. Lehrmeister ist der junge Jean-Yves Roth, der seine Kunst in mehreren Gourmettempeln im Elsass und in Paris gelernt hat. Lehrgänge für Weinfreunde gibt es im *Atelier Dégustation (37, Rue Georges Klein | Tel. 03 88 92 30 86 | www.atelier-degustation.com)* in Sélestat und in der *Maison des Vins d'Alsace (12, Avenue de la Foire aux*

Ungewöhnliche Perspektiven eröffnet eine Umrundung der Straßburger Altstadt mit dem Kanu

SPORT & AKTIVITÄTEN

Vins | Tel. 03 89 20 16 20 | www.vins alsace.com) in Colmar.

RADFAHREN

Zum Radeln bietet sich vor allem die Rheinebene an – hier gibt es viele kleine, verkehrsarme Landstraßen. In den letzten Jahren wurden auch immer mehr Radwege (pistes cyclables) geschaffen. Ein besonders beliebter Radwanderweg führt von Straßburg am Rhein-Marne-Kanal entlang bis nach Saverne, ein anderer, die „Véloroute du Rhin", von Lauterbourg im Norden am Rhein bzw. am Grand Canal d'Alsace entlang bis ins südelsässische Saint-Louis. Das Straßburger Office du Tourisme empfiehlt kunstinteressierten Radlern eine 23 km lange Tour („L'Art à Vélo") durch die Europastadt, die an 20 modernen Kunstwerken vorbeiführt. Praktische Hinweise und Karten beim Radlerverband Cadr (12, Rue des Bouchers | Tel. 03 88 75 17 50 | www.fubicy.org/ cadr67) in Straßburg und in Mulhouse (16, Rue Ventron | Tel. 03 89 42 73 42 | www.velomulhouse. fr). Radtouren, teils mit Gepäckbeförderung, veranstalten Espace Randonnée (Tel. 03 88 89 26 07 | www.es pace-randonnee.com) und Horizons d'Alsace (Tel. 03 89 78 35 20 | www. horizons-alsace.com). Wer es sportlicher mag, kann mit Trace Verte (Tel. 03 88 38 30 69 | www.traceverte.com) eine Mountainbiketour machen.

REITEN

Praktisch überall im Elsass gibt es Reiterfarmen und -hotels, die Ausflüge zu Pferd veranstalten. Das Comité Régional du Tourisme Équestre (6, Route d'Ingersheim | Colmar | Tel. 03 89 24 43 18 | www.chevalsace. com) hat einige Routen ausgearbeitet und gibt eine Broschüre mit Adressen von Reiterfarmen heraus. Auskünfte auch unter www.tourismealsace.com

WANDERN

Für Wanderer ist das Elsass ein ideales Ziel. In den Vogesen gibt es zahlreiche Wanderwege, die vom Club Vosgien (www.club-vosgien. com) engagiert unterhalten und ausgeschildert werden. Wer nicht auf Komfort verzichten und zudem noch kulinarisch etwas erleben will, kann eine mehrtägige Wandertour von Hotel zu Hotel buchen. Wandertouren, teils mit Gepäckbeförderung, bieten Horizons d'Alsace (Tel. 03 89 78 35 20 | www.horizons-al sace.com) und Trace Verte (Tel. 03 88 38 30 69 | www.traceverte.com) an. Hinweise auf andere Veranstalter finden Sie unter www.tourisme-al sace.com.

WINTERSPORT

Die Vogesen sind mit vielen Loipen in herrlicher Landschaft vor allem ein Paradies für Skilangläufer. Auch am Straßburger Hausberg Champ du Feu gibt es schöne Loipen. Es gibt aber auch mehrere Wintersportorte, die relativ gute Abfahrten bieten. Kein Vergleich mit den Alpen, dafür geht es familiärer zu. Größter Wintersportort ist La Bresse bei Gérardmer. Wer sich mit weniger Liften zufriedengibt, kann die Bretter auch in Markstein oder Lac Blanc bei Orbey anschnallen. Informationen: www.skiinfo.fr, www.skipass.com, www.skieur.info/ vosges, www.labresse.labellemonta gne.com

> TIERISCHES VERGNÜGEN

Affen und Geier, Ponys und Bären – und wer dann noch nicht genug hat, staunt über den „Fahrstuhl für Schiffe"

> **Das Reisen mit Kindern ist im Elsass überhaupt kein Problem. Es gibt zahlreiche Unternehmungen und Ausflugsziele, für die sich kleine Besucher begeistern können.**

In nahezu allen französischen Museen und vergleichbaren Einrichtungen gibt es Kinderermäßigungen, in einigen haben Kinder sogar freien Eintritt. Viele Restaurants haben (oft jedoch wenig einfallsreiche) Kindermenüs auf der Karte.

NORDELSASS
BURGRUINE GIMBELHOF [118 C1]

Auf der Burgruine des Weilers Gimbelhof bei der Burg Fleckenstein gibt es einen mittelalterlichen Abenteuerspielplatz. *Frei zugänglich*

SCHIFFSHEBEWERK (PLAN INCLINÉ) [117 D5-6]

Ein Erlebnis auch für Kinder ist das Schiffshebewerk bei Saint-Louis-Arzviller – eine technische Kuriosität

> *www.marcopolo.de/elsass*

MIT KINDERN UNTERWEGS

am Rhein-Marne-Kanal: ein 43 m langer „Fahrstuhl" für Lastkähne, der einen beeindruckenden Höhenunterschied von 44,5 m überwindet und so eine Tagesfahrt mit 17 Schleusen erspart. Die Rundfahrt das Hebewerk hinunter und wieder hinauf dauert etwa eineinhalb Stunden. Zusätzlichen Spaß bringt eine 500 m lange Sommerschlittenpiste. *Juli/Aug. tgl. 10–17.45, Mai/Juni und Sept. Di–So 9.45–11.45 und 14–17.30, April und* *Okt. Di–So 10–11.45 und 13.30 bis 16.45 Uhr | 8 Euro, Kinder 6 Euro | www.plan-incline.com*

TIERPARK SAINTE-CROIX [116 C5]

In Rhodes bei Sarrebourg etwa 80 km nordwestlich von Straßburg leben auf einem gut 1 km² großen Gelände über 1200 Arten von Tieren, die in Europa heimisch sind oder es zumindest waren, darunter Wölfe, Bären und Raubvögel. *Parc Animalier de Sainte-*

Croix | Juli/Aug. Mo–Sa 10–19, So 10 bis 20, April–Juni und Sept.–Mitte Nov. Mo–Sa 10–18, So 10–19 Uhr | 16 Euro, Kinder 11 Euro | www.parc saintecroix.com

STRASSBURG

LE VAISSEAU [U F6]

Hier können Kinder und Jugendliche Naturwissenschaften und Technik spielerisch entdecken. Alle Experimente, Spiele und Infotafeln auch in Deutsch., *Rue Alfred Kestler | Di–So 10–18 Uhr | 8 Euro, Kinder 7 Euro | www.levaisseau.com*

ZENTRALELSASS & WEINSTRASSE

AFFENBERG UND ADLERBURG HAUT-KŒNIGSBOURG [120 C6]

Am Fuß der Hochkönigsburg gibt es zwei Attraktionen, die für Familien mit Kindern ideal sind: Auf dem Affenberg *Montagne des Singes (Juli/Aug. tgl. 10–18, Mai/Juni und Sept. 10–12 und 13–18, März/April und Okt./Nov. 10–12 und 13–17 Uhr | 8 Euro, Kinder 5 Euro | www.montagnedessinges.com)* leben rund 300 Berberaffen in einem großen Waldgebiet in freilandähnlichen Verhältnissen. Kleine und große Besucher können sich an den amüsanten Tieren vergnügen und dürfen sie mit Popcorn füttern. Auf der Adlerburg *Volerie des Aigles (Vorführungen März bis Okt. zwei- bis dreimal tgl. zu saisonal wechselnden Zeiten, meist zwischen 14.30 und 17 Uhr | 9 Euro, Kinder 6 Euro | www.voleriedesaigles.com)* werden Raubvogeldressuren vorgeführt. Beeindruckend sind die Riesenraubgeier, die dicht über den Köpfen der Zuschauer entlangsegeln.

PARC ALSACE AVENTURE [120 C5]

Wie Tarzan kann man sich hier mit Seilen und Strickleitern von Baum zu Baum schwingen. Stegbrücken, Affenschaukeln und Netze bestimmen

Puppen und Modelleisenbahnen sind die Schätze des Spielzeugmuseums in Colmar

diesen Pfad, der in einem Waldgebiet bei Breitenbach am Kreuzwegpass angelegt wurde. Es gibt zehn Routen unterschiedlicher Schwierigkeitsgrade für Kinder ab vier Jahren und acht stark abschüssige Seilbahnen. Erwachsene zahlen 21 Euro, Kinder je nach Alter zwischen 8 und 18 Euro. Reservieren! *Breitenbach | Col du Kreuzweg | April–Juni und Sept.–Nov. Mi und Sa 13–18, So 10–18, Juli/Aug. tgl. 9–20 Uhr | Tel. 03 88 08 32 08 | www.parc-alsace-aventure.com*

PONEY RANCH [121 E5]

Den Charme der Siebzigerjahre strahlt dieser Freizeitpark in Herbsheim südlich von Straßburg aus, wo Kinder sich im Freien austoben können: beim Springen auf Trampolinen, auf Karussells, die mit eigener Muskelkraft angetrieben werden, oder auf Riesenrutschen. Es gibt auch eine Pferdekutsche und ein paar Ponys, die mit den Kindern herumtrotten. Während die Kleinen sich vergnügen, können die Eltern auf der Terrasse oder im Ausflugslokal preiswert essen oder Kaffee trinken. *Route de Boofzheim | Juli/Aug. Sa bis Do 10–18, Sept./Okt. Sa–Mo 10–18 Uhr | 8 Euro*

SPIELZEUGMUSEUM COLMAR [123 D3]

Das Spielzeugmuseum ist aus einer Sammlung von 3000 Spielzeugen eines Elsässer Kunstmalers entstanden. Ein Schwerpunkt sind Modelleisenbahnen, die auf insgesamt 500 m langen Gleisen durch das Museum fahren. Manche Spielzeuge dürfen die Kinder auch ausprobieren. *Musee du Jouet et du Petit Train | 40, Rue Vauban | Okt./Nov. und Jan.–Juni Mi bis Mo 10–12 und 14–18, Juli/Aug. tgl. 10–19, Sept. tgl. 10–12 und 14–18, Dez. tgl. 10–18 Uhr | 4,50 Euro, Kinder 3,50 Euro | www.musee jouet.com*

SPIELZEUGMUSEUM LA NEF DES JOUETS IN SOULTZ [122–123 C–D5]

Eine liebevolle Sammlung von alten Puppen, Stofftieren und anderem Nostalgiespielzeug, die ein elsässisches Ehepaar in vielen Jahren zusammengetragen hat. *12, Rue Jean Jaurès | April–Dez. Mi–Mo 14–18 Uhr | 4,60 Euro, Kinder 1,50 Euro, Familienpass 7,70 Euro | www.soultz 68.fr/lanefdesjouets*

STORCHENZENTRUM HUNAWIHR [123 D2]

In Hunawihr befindet sich das Zentrum zur Wiederansiedlung von Störchen und Fischottern. Nachmittags gibt es Vorführungen mit Pinguinen, Kormoranen, Fischottern und Seelöwen. *Centre de Réintroduction des Cigognes | März–Nov. zu saisonal gestaffelten Zeiten, März und Nov. Mi und Sa/So, sonst tgl., Juni–Aug. durchgehend 10–18 bzw. 19 Uhr | 8 Euro, Kinder 5,50 Euro | www.ci gogne-loutre.com*

■ SÜDELSASS ■

ELECTROPOLIS MULHOUSE [125 D2]

Ein Museum, das die Geschichte der Elektrizität erzählt, aber auch neueste Anwendungen wie für Musikcomputer oder Computerspiele dokumentiert. *55, Rue du Pâturage | Di–So 10–18 Uhr | 8 Euro, Kinder ab 6 Jahren 4 Euro | www.electropolis.tm.fr*

Das Electropolis lässt auch dem Coolsten die Haare zu Berge stehen

> VON ANREISE BIS ZOLL

Urlaub von Anfang bis Ende: die wichtigsten Adressen und Informationen für Ihre Elsassreise

▓ ANREISE ▓

AUTO

Anreise über die Europabrücke bei Kehl–Straßburg oder von der Autobahn Frankfurt–Basel über den Autobahnübergang Ottmarsheim 30 km südlich von Freiburg. Wer es nicht eilig hat, kann auch über kleinere Grenzübergänge anreisen, z. B. über die Rheinfähre bei Kappel/Rhinau einige Kilometer südlich von Lahr. Autozüge gibt es von mehreren deutschen Städten nach Lörrach bei Basel.

BAHN

Die wichtigsten Bahnverbindungen laufen über Straßburg. Zwischen dem deutschen Intercitybahnhof Offenburg an der Strecke Frankfurt–Basel und Straßburg bestehen regelmäßige Verbindungen. Während der Hauptverkehrszeiten morgens, mittags und abends gibt es innerhalb des Elsass insbesondere auf der Nord-Süd-Achse gute Zugverbindungen. Südlich von Straßburg bestehen keine deutsch-französischen Eisenbahnübergänge mehr, nach Mulhouse gelangt man mit dem Zug lediglich über Basel. Viermal täglich fährt der französische TGV von/nach Paris über Karlsruhe bis nach Stuttgart. Die französische Staatsbahn SNCF bietet zur Adventszeit preisgünstige Pauschaltickets, mit denen man von einem Weihnachtsmarkt zum anderen

PRAKTISCHE HINWEISE

fahren kann. Auskunft bei den Fremdenverkehrsämtern oder unter www.ter-sncf.com/Alsace.

FLUGZEUG

Die Hauptflugverbindungen ins Elsass laufen über den Flughafen Basel-Mulhouse. Direktflüge gibt es ab Berlin, Düsseldorf, Frankfurt, Hamburg, München und Wien. Der Flughafen ist durch einen Bus stündlich bis halbstündlich mit dem Bahnhof in Mulhouse verbunden. Linienflüge nach Strasbourg-Entzheim gibt es ab München und Wien. Rund 50 km von Straßburg entfernt liegt der Regionalflughafen Baden-Airport, der von mehreren deutschen Großstädten aus angeflogen wird.

AUSKUNFT VOR DER REISE

ATOUT FRANCE

– Zeppelinallee 37 | 60325 Frankfurt | Tel. 0900/157 00 25 | Fax 159 90 61 | http://de.franceguide.com

– Rennweg 42 | 8021 Zürich | Tel. 044/217 46 00 | Fax 217 46 17 | http://ch-de.franceguide.com

– Lugeck 1–2 | 1010 Wien | Tel. 0900/25 00 15 | Fax 01/503 28 72 | http://at.franceguide.com

AUSKUNFT IM ELSASS

COMITÉ RÉGIONAL DU TOURISME D'ALSACE

20 a, Rue Berthe Molly | 68000 Colmar | Tel. 03 89 24 73 50 | Fax 03 89 24 73 51 | www.tourisme-alsace.com

AGENCE DE DÉVELOPPEMENT TOURISTIQUE DU BAS-RHIN

4, Rue Bartisch | 67100 Strasbourg | Tel. 03 88 15 45 88 | Fax 03 88 75 67 64 | www.tourisme67.com

> WAS KOSTET WIE VIEL?

>	KAFFEE	1,80 EURO für eine Tasse Espresso
>	BROT	1 EURO für ein Baguette
>	WEIN	3–4 EURO für 0,25 Liter Riesling
>	SOUVENIR	AB 10 EURO für typische Töpferwaren aus Betschdorf oder Soufflenheim
>	IMBISS	3–4 EURO für ein Stück Zwiebelkuchen
>	BENZIN	1,30–1,40 EURO für einen Liter Super

ASSOCIATION DÉPARTEMENTALE DU TOURISME DU HAUT-RHIN

1, Rue Schlumberger | 68006 Colmar Cedex | Tel. 03 89 20 10 68 | Fax 03 89 23 33 91 | www.tourisme68.com

AUTO

Die Höchstgeschwindigkeit beträgt innerorts 50, auf Autobahnen 130 (bei Regen 110), auf Schnellstraßen

110 (bei Regen 100) und auf Land-straßen 90 (bei Regen 80) km/h. Bußgelder für zu schnelles Fahren sind erheblich. Die Promillegrenze liegt bei 0,5. Die Tankstellen der großen Supermärkte sind erheblich preiswerter als Markentankstellen. Pannenhilfe *(dépanneur-remorqueur)* leisten die 24-stündigen Dienste der Autohersteller, vermittelt durch die Polizei *(Tel. 17)* bzw. Autobahnnot-rufsäulen. Im Gegensatz zum übrigen Frankreich ist ein Großteil der Auto-bahnen im Elsass nicht mautpflichtig.

■ BAHN (SNCF)

Für das ganze Elsass gilt die zentrale Auskunftsnummer *Tel. 08 92 35 35 35* (34 Cent/Minute). *www.sncf.com*

■ CAMPING

In den Fremdenverkehrsbüros erhal-ten Sie die Broschüre „Camping/ Caravaning", die die Campingplätze in der Region aufführt.

■ DIPLOMATISCHE VERTRETUNGEN

DEUTSCHES KONSULAT
6, Quai Mullenheim | Straßburg | Tel. 03 88 24 67 00 | www.strassburg.diplo.de

ÖSTERREICHISCHES KONSULAT
29, Avenue de la Paix | Straßburg | Tel. 03 88 35 13 94

SCHWEIZER KONSULAT
23, Rue Herder | Straßburg | Tel. 03 88 35 00 70

■ EINREISE

Personalausweis genügt. Normaler-weise herrscht an der deutsch-franzö-sischen und an der schweizerisch-französischen Grenze dank dem Schengen-Abkommen freie Fahrt, ab und an gibt es aber Stichkontrollen.

■ GELD & KREDITKARTEN

Mit der ec-Karte können Sie an Geldautomaten Geld abheben. Kre-ditkarten, vor allem Eurocard und Visa, sind in Frankreich sehr ver-breitet. Auch kleine Beträge, etwa an Fahrkartenschaltern oder Parkau-tomaten, können Sie oft mit Kredit-karte bezahlen. Im Südelsass nahe der Grenze akzeptieren viele Geschäfte auch Schweizer Franken.

■ GESUNDHEIT

Falls Sie die Europäische Kranken-versicherungskarte EHIC nicht dabei-haben oder Zusatzkosten entstehen, legen Sie Arzt- und Apothekenge-bühren aus und reichen die Belege der heimischen Kasse zur Erstattung ein. Um auch einen eventuellen Eigenan-teil abzudecken, ist unter Umständen eine Reisekrankenversicherung ratsam.

■ GÎTE RURAL

Eine günstige Möglichkeit unterzu-kommen sind die *gîtes ruraux,* Woh-nungen und Ferienhäuser auf dem Land, meist mit Garten oder Terrasse, die von Privatpersonen vermietet werden. In der Nebensaison können Sie manche Häuser und Wohnungen schon für 150 bis 200 Euro pro Wo-che mieten. Zünftig geht es in den Wanderhütten der Naturfreunde zu.

OBERELSASS
Relais Départemental des Gîtes Ru-raux de France du Haut-Rhin | 1, Rue Camille Schlumberger | 68000 Col-

PRAKTISCHE HINWEISE

mar | Tel. 03 89 20 10 68 | Fax 03 89 23 33 91 | www.gites-de-france-alsace.com

UNTERELSASS

Gîtes de France Bas-Rhin | 1, Rue Bartisch | 67100 Strasbourg | Tel. 03 88 75 56 50 | Fax 03 88 23 00 97 | www.gites67.com, www.gites-de-france-alsace.com

LES AMIS DE LA NATURE

197, Rue Championnet | 75018 Paris | Tel. 01 46 27 53 56 | Fax 01 46 27 40 46 | www.amis-nature.org

■ INTERNET ■

www.tourisme-alsace.com, die Website des elsässischen Tourismuskomitees, bietet nützliche Hinweise zu aktuellen Veranstaltungen, zur Onlinebuchung für Hotels etc., teilweise in (etwas holprigem) Deutsch. Unterkünfte, Restaurants und Hinweise auf Feste und Märkte finden Sie unter www.alsace-info.com, Interessantes über die Region und ihre Geschichte, Sehenswürdigkeiten, Tipps für Ausflüge, Hotels, Restaurants unter www.visit-alsace.com. Adressen von Winzern und Herstellern regionaler Spezialitäten erhalten Sie auf der Website www.alsace-terroir.com. Eine relativ neue Website einer freien Journalistin zum Tourismus im Elsass ist www.elsass.ws.

■ INTERNETCAFÉS & WLAN ■

– Connecte-toi | Colmar | 24, Avenue de-Lattre-de-Tassigny | Tel. 03 89 23 16 05
– Zybar-Café | Mulhouse | 1, Rue de Metz (Centre Europe) | Tel. 03 89 66 23 65 | www.zybar.net

– Le Bazook Kafé | Sélestat | 3, Rue Sainte Foy | Tel. 03 90 57 20 66
– L'Utopie | Strasbourg | 21, Rue du Fossé des Tanneurs | Tel. 03 88 23 89 21

Die meisten französischen Hotelketten haben WLAN-Hotspots (frz.: wifi) eingerichtet, etwa die Billighotels Étap, Formule 1 und Kyriad, die Sie meist an Ausfallstraßen finden, oder die etwas teureren Häuser der Ketten Ibis und Mercure oder die eleganten Sofitel-Hotels. Ein Verzeichnis finden Sie unter www.linternaute.com/wifi.

■ JUGENDHERBERGEN ■
COLMAR

Auberge de Jeunesse | 2, Rue Pasteur | Tel. 03 89 80 57 39 | Fax 03 89 80 76 16 | www.fuaj.org/Colmar

MULHOUSE

Auberge de Jeunesse | 37, Rue Illberg | Tel. 03 89 42 63 28 | Fax 03 89 59 74 95 | www.fuaj.org/Mulhouse

STRASSBURG

Auberge de Jeunesse | 9, Rue de l'Auberge de Jeunesse | Tel. 03 88 30 26 46 | Fax 03 88 30 35 16

Auberge des Deux Rives | Rue des Cavaliers | Jardin des Deux Rives (bei der Europabrücke) | Tel. 03 88 45 54 20 | Fax 03 88 45 54 21 | www.fuaj.org/Strasbourg

■ KLIMA & REISEZEIT ■

Im Elsass herrscht überwiegend mildes Klima. Da die Rheinebene im Schutz der Vogesen liegt, regnet es vergleichsweise wenig. Im Hochsommer ist es in der Ebene jedoch oft schwül und heiß, in den Vogesen hingegen weht dann ein angenehm frischer Wind. Im Frühjahr und Herbst können Sie oft herrliches, mildes Wetter haben, bisweilen gibt es allerdings Nebel. Wenn im Winter die Ebene in Schneematsch und Nebel versinkt, strahlt auf den Höhen der Vogesen blauer Himmel. In schneereichen Wintern sind die Vogesen ein herrliches Wintersportgebiet.

■ MIETWAGEN ■

Mietwagen der Mittelklasse kosten um die 100 Euro pro Tag zuzüglich Kilometergebühr, pro Woche ohne Kilometerbegrenzung um die 360 Euro. Buchungen bereits von zu Hause aus sind oft günstiger als vor Ort.

STRASSBURG

In Straßburg gibt es mehrere Agenturen am Flughafen sowie ein paar in Bahnhofsnähe, z. B. *Avis (Place de la Gare | Tel. 03 88 32 30 44)* und *Hertz (10, Boulevard Metz | Tel. 03 88 32 57 62).*

■ NOTRUF ■

Notarzt: *Tel. 15*
Polizei: *Tel. 17*
Feuerwehr: *Tel. 18*

■ ÖFFENTLICHE VERKEHRSMITTEL

In den drei großen elsässischen Städten Straßburg, Mulhouse und Colmar gibt es ein gut ausgebautes Busnetz, in Straßburg fährt auch eine Straßenbahn. Busfahrscheine können Sie beim Fahrer oder in Tabakläden kaufen.

Zwischen Colmar und Freiburg sowie zwischen Mulhouse und Freiburg verkehrt mehrmals täglich ein Euroregiobus, nach Mulhouse nur Montag bis Freitag. Er fährt jeweils am Bahnhof ab.

Zu beliebten Ausflugszielen (u. a. zur Hochkönigsburg, zur Burg Fleckenstein oder zum Mémorial Elsass-Lothringen in Schirmeck) gelangen Sie preisgünstig mit dem Regionalzug und/oder Bus. Auskunft: *www. ter-sncf.com/alsace* und *www.cg67.fr*, Stichwort *lignes touristiques.*

WETTER IN STRASSBURG

Jan.	Feb.	März	April	Mai	Juni	Juli	Aug.	Sept.	Okt.	Nov.	Dez.
3	5	11	16	20	23	25	24	21	14	8	4
Tagestemperaturen in °C											
-2	-2	1	5	8	12	13	13	10	6	2	-1
Nachttemperaturen in °C											
2	2	5	6	7	7	7	7	6	4	2	1
Sonnenschein Std./Tag											
15	13	12	13	13	14	14	13	12	12	13	14
Niederschlag Tage/Monat											

PRAKTISCHE HINWEISE

POST

Die meisten Postämter in Frankreich haben Mo–Fr von 8 bis 18.30 Uhr geöffnet, am Samstag von 8 bis 12 Uhr. Briefmarken gibt es auch in Tabakläden. Eine Postkarte bzw. ein Standardbrief bis 20 g in EU-Länder sowie in die Schweiz kostet 70 Cent Porto.

STROM

Die Netzspannung in Frankreich beträgt 220 Volt. Die deutschen Stecker passen allerdings nicht immer, Sie sollten deshalb eventuell einen Adapter mitnehmen, den man aber auch im Kaufhaus im Elsass erstehen kann.

TELEFON & HANDY

Telefonkarten *(télécartes)*, die Sie für die Kartenautomaten benötigen, erhalten Sie in Tabakläden oder in der Post für 7,50 oder 15 Euro. Vorwahlen innerhalb Frankreichs gibt es nicht, alle Telefonnummern in Frankreich sind zehnstellig. Vorwahl nach Frankreich 0033, dann die Null am Anfang der Teilnehmernummer weglassen. Nach Deutschland wählen Sie 0049, dann die Ortsvorwahl ohne die Null, dann die Teilnehmernummer. Die Ländervorwahl für die Schweiz ist 0041, für Österreich 0043.

Für eine deutsche Handynummer wählen Sie aus Frankreich zuerst die Ländervorwahl 0049, dann die Nummer ohne die Null am Anfang. Entsprechend verfahren Sie mit Handynummern in Österreich oder der Schweiz. Französische Handynummern beginnen immer mit einer Null. In Grenznähe kann die Verbindung schlecht sein, wenn sich das französische und das deutsche bzw. das schweizerische Mobilfunknetz überschneiden. Beim Roaming spart, wer das günstigste Netz wählt. Informieren Sie sich darüber vor der Reise bei Ihrem Netzbetreiber. Prepaidkarten wie die von Global-Sim *(www.globalsim.net)* oder Globilo *(www.globilo.de)* ersparen alle Roaminggebühren. Immer günstig sind SMS. Hohe Kosten verursacht die Mailbox. Sie sollten sie daher – und zwar noch im Heimatland! – abschalten.

TRINKGELD

Bedienung ist im Restaurant in den Preisen normalerweise enthalten. Üblich sind indes Trinkgelder bis zu zehn Prozent der Rechnung, vorausgesetzt, Sie waren mit dem Service zufrieden.

ZEITUNGEN

Im Elsass gibt es zwei regionale Tageszeitungen: Die „Dernières Nouvelles d'Alsace" (DNA) erscheinen in Straßburg, „L'Alsace" wird in Mulhouse herausgegeben. Beide Zeitungen verfügen über einen Serviceteil, in dem u. a. die diensthabenden Ärzte und Apotheken aufgeführt werden. Der Freitagausgabe der DNA liegt ein Veranstaltungsprogramm namens *Reflets* für die folgende Woche bei.

ZOLL

Innerhalb der EU dürfen alle Waren, die für den persönlichen Verbrauch bestimmt sind, frei ein- und ausgeführt werden. Richtwerte hierfür sind z. B. 90 l Wein, 10 l Spirituosen und 800 Zigaretten. Für Schweizer gelten wesentlich engere Freimengen, u. a. 200 Zigaretten, 2 l Wein und 1 l Spirituosen.

> TU PARLES FRANÇAIS?

„Sprichst du Französisch?" Dieser Sprachführer hilft Ihnen, die wichtigsten Wörter und Sätze auf Französisch zu sagen

Aussprache

Zur Erleichterung der Aussprache sind alle französischen Wörter mit einer einfachen Aussprache (in eckigen Klammern) versehen.

■ AUF EINEN BLICK

Ja./Nein.	Oui. [ui]/Non. [nong]
Vielleicht.	Peut-être [pöhtätr]
Bitte.	S'il vous plaît. [sil wu plä]
Danke.	Merci. [märsi]
Gern geschehen.	De rien. [dö rjäng]
Entschuldigen Sie!	Excusez-moi! [äksküseh mua]
Wie bitte?	Comment? [kommang]
Ich verstehe Sie/dich nicht.	Je ne comprends pas. [schön kongprang pa]
Ich spreche nur wenig Französisch.	Je parle un tout petit peu français. [schparl äng tu pti pöh frangsä]
Können Sie mir bitte helfen?	Vous pouvez m'aider, s.v.p.? [wu puweh mehdeh sil wu plä]
Sprechen Sie Deutsch/Englisch?	Vous parlez allemand/anglais? [wu parleh almang/anglä]
Ich möchte …	J'aimerais … [schämrä]
Das gefällt mir nicht.	Ça ne me plaît pas. [san mö plä pa]
Haben Sie …?	Vous avez …? [wus_aweh]
Wie viel kostet es?	Combien ça coûte? [kongbjäng sa kut]
Wie viel Uhr ist es?	Quelle heure est-il? [käl_ör ät_il]

■ KENNENLERNEN

Guten Morgen/Tag!	Bonjour! [bongschur]
Guten Abend!	Bonsoir! [bongsuar]
Hallo!/Grüß dich!	Salut! [salü]
Wie ist Ihr Name, bitte?	Comment vous appelez-vous? [kommang wus_apleh wu]
Wie heißt du?	Comment tu t'appelles? [kommang tü tapäl]
Wie geht es Ihnen/dir?	Comment allez-vous/vas-tu? [kommangt_aleh wu/wa tü]
Danke. Und Ihnen/dir?	Bien, merci. Et vous-même/toi? [bjäng märsi. eh wu mäm/tua]

SPRACHFÜHRER FRANZÖSISCH

Auf Wiedersehen!	Au revoir! [oh röwuar]
Tschüss!	Salut! [salü]
Bis bald!	A bientôt! [a bjängtoh]

UNTERWEGS

AUSKUNFT

links/rechts	à gauche [a gohsch]/à droite [a druat]
geradeaus	tout droit [tu drua]
nah/weit	près [prä]/loin [luäng]
Bitte, wo ist …?	Pardon, où se trouve …, s.v.p.? [pardong, us truw … sil wu plä]
Wie weit ist das?	C'est à combien de kilomètres d'ici? [sät_a kongbjängd kilomätrö disi]
Welches ist der kürzeste Weg nach/zu …?	Quel est le chemin le plus court pour aller à …? [käl_äl schömäng lö plü kur pur aleh a]

PANNE

Ich habe eine Panne.	Je suis en panne. [schö süis_ang pan]
Würden Sie mir bitte einen Abschleppwagen schicken?	Est-ce que vous pouvez m'envoyer une dépanneuse, s.v.p.? [äs_kö wu puweh mangwuajeh ün dehpanöhs sil wu plä]
Gibt es hier in der Nähe eine Werkstatt?	Est-ce qu'il y a un garage près d'ici? [äs_kil_ja äng garasch prä disi]
… ist defekt.	… est défectueux. [ä dehfäktüöh]

TANKSTELLE

Wo ist bitte die nächste Tankstelle?	Pardon, Mme/Mlle/M., où est la station-service la plus proche, s.v.p.? [pardong madam/madmuasäl/mösjöh u ä la stasjong särwis la plü prosch sil wu plä]
Ich möchte … Liter.	… litres, s'il vous plaît. [litrö sil wu plä]
Super.	Du super. [dü süpär]
Diesel.	Du gas-oil. [dü gasual]
Voll tanken, bitte.	Le plein, s.v.p. [lö pläng sil wu plä]

UNFALL

Hilfe!	Au secours! [oh skur]
Achtung!	Attention! [atangsjong]

Vorsicht!
Rufen Sie bitte schnell …
   … einen Krankenwagen.
   … die Polizei.
   … die Feuerwehr.

Attention! [atangsjong]
Appelez vite … [apleh wit]
   … une ambulance. [ün_angbülangs]
   … la police. [la polis]
   … les pompiers. [leh pongpjeh]

■ ESSEN/UNTERHALTUNG

Wo gibt es hier …

   … ein gutes Restaurant?

   … ein nicht zu teures
   Restaurant?
Reservieren Sie uns bitte
für heute Abend einen
Tisch für vier Personen.

Wo sind bitte die
Toiletten?
Auf Ihr Wohl!

Bezahlen, bitte.
Hat es geschmeckt?
Das Essen war
ausgezeichnet.

Vous pourriez m'indiquer…
[wu purjeh mängdikeh]
   … un bon restaurant?
   [äng bong rästorang]
   … un restaurant pas trop cher?
   [äng rästorang pa troh schär]
Je voudrais réserver une table pour ce
soir, pour quatre personnes.
[schwudrä räsehrweh ün tablö pur sö suar
pur kat pärsonn]
Où sont les W.-C., s.v.p.?
[u song leh wehseh sil wu plä]
A votre santé!/A la vôtre!
[a wottr sangteh/a la wohtr]
L'addition, s.v.p. [ladisjong sil wu plä]
C'était bon? [sehtä bong]
Le repas était excellent.
[lö röpa ehtät_äksälang]

■ ÜBERNACHTUNG

Können Sie mir bitte ein
gutes Hotel empfehlen?

Haben Sie noch …

   … ein Einzelzimmer?

   … ein Zweibettzimmer?

   … mit Bad?

   … für eine Nacht?
   … für eine Woche?

Pardon, Mme/Mlle/M., vous
pourriez recommander un bon hôtel?
[pardong madam/madmuasäl/mösjöh wu
purjeh rökommangdehäng bonn_ohtäl]
Est-ce que vous avez encore …
[äs_kö wus_aweh angkorr]
   … une chambre pour une
   personne?
   [ün schangbr pur ün pärsonn]
   … une chambre pour deux
   personnes?
   [ün schangbr pur döh pärsonn]
   … avec salle de bains?
   [awäk sal dö bäng]
   … pour une nuit? [pür ün nüi]
   … pour une semaine?
   [pür ün sömän]

➤ www.marcopolo.de/elsass

Was kostet das Zimmer
mit Frühstück?

Quel est le prix de la chambre,
petit déjeuner compris?
[käl_ä lö prid la schangbr
pti dehschöneh kongpri]

■ PRAKTISCHE INFORMATIONEN ■

ARZT

Können Sie mir einen
guten Arzt empfehlen?

Vous pourriez recommander un
bon médecin, s.v.p.?
[wu purjeh rökommangdeh äng bong
mehdsäng sil wu plä]

Ich habe Fieber.
Ich habe mich verletzt.
Ich habe hier Schmerzen.

J'ai de la fièvre. [schä dla fjäwr]
Je me suis blessé. [schöm süi blehseh]
J'ai mal ici. [scheh mal isi]

POST

Was kostet …

Quel est le tarif pour affranchir …
[käl_ä lö tarif pur afrangschir]

… eine Postkarte …

… des cartes postales …
[deh kart postal]

… nach Deutschland?

… pour l'Allemagne?
[pur lalmanj]

■ ZAHLEN ■

0	zéro [sehroh]	20	vingt [wäng]
1	un, une [äng, ühn]	21	vingt et un, une
			[wängt_eh äng, ühn]
2	deux [döh]	22	vingt-deux [wängt döh]
3	trois [trua]	30	trente [trangt]
4	quatre [katr]	40	quarante [karangt]
5	cinq [sängk]	50	cinquante [sängkangt]
6	six [sis]	60	soixante [suasangt]
7	sept [sät]	70	soixante-dix [suasangt dis]
8	huit [üit]	80	quatre-vingt [katrö wäng]
9	neuf [nöf]	90	quatre-vingt-dix
10	dix [dis]		[katrö wäng dis]
11	onze [ongs]	100	cent [sang]
12	douze [dus]	200	deux cents [döh sang]
13	treize [träs]	1000	mille [mil]
14	quatorze [kators]	2000	deux mille [döh mil]
15	quinze [kängs]	10000	dix mille [di mil]
16	seize [säs]		
17	dix-sept [disät]		
18	dix-huit [disüit]	1/2	un demi [äng dmi]
19	dix-neuf [disnöf]	1/4	un quart [äng kar]

Niedermorschwihr

> ## UNTERWEGS IM ELSASS

Die Seiteneinteilung für den Reiseatlas finden Sie auf dem
hinteren Umschlag dieses Reiseführers

REISE ATLAS

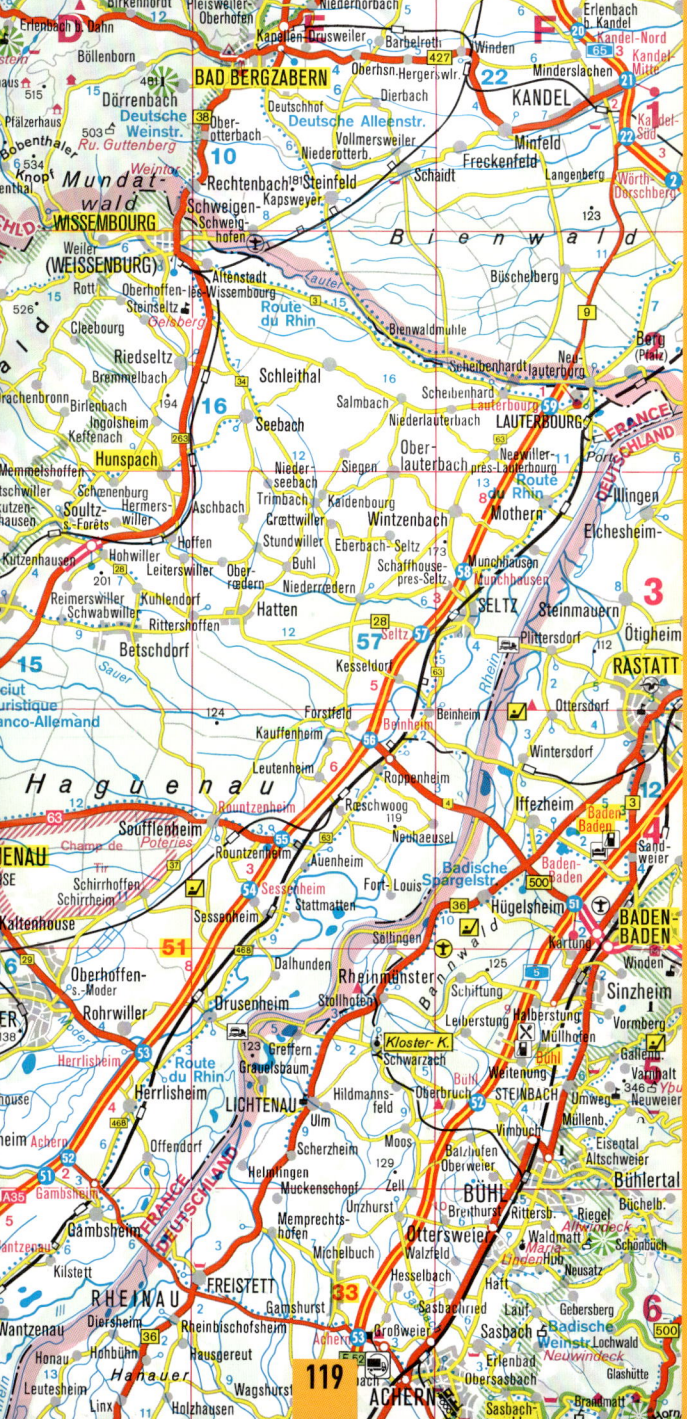

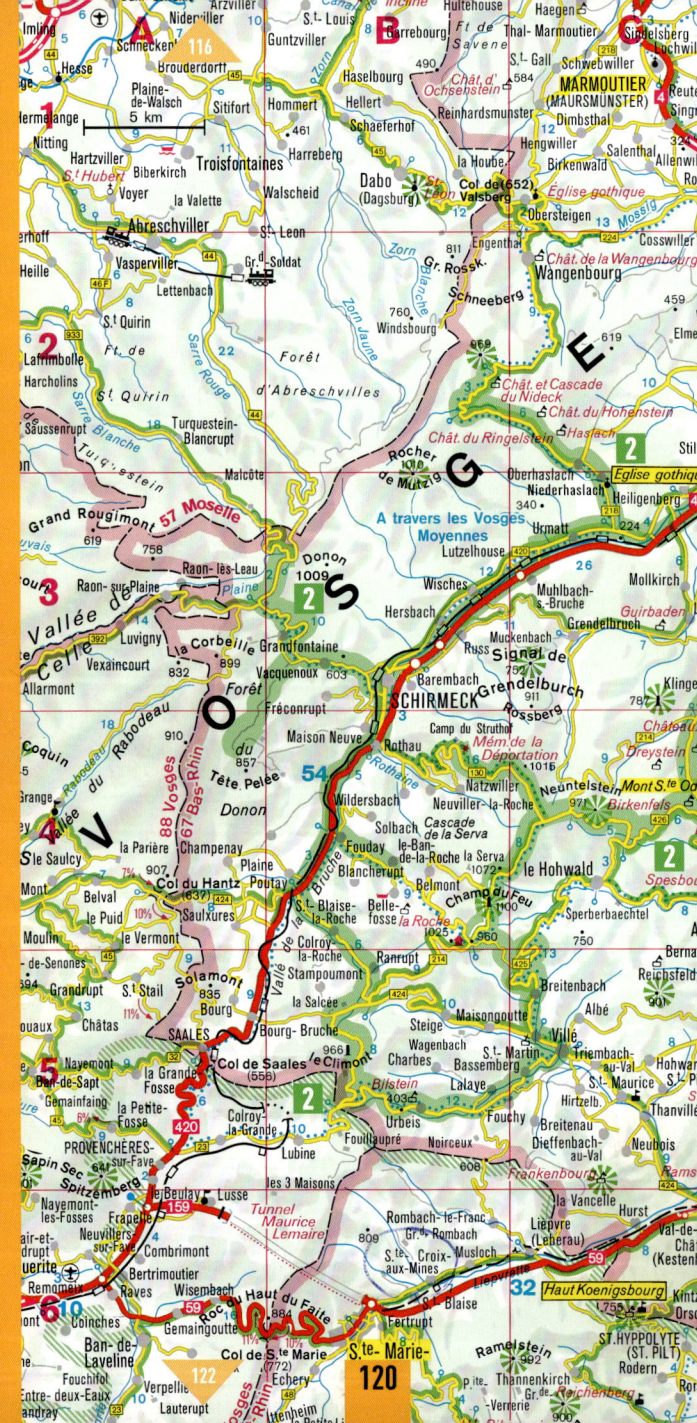

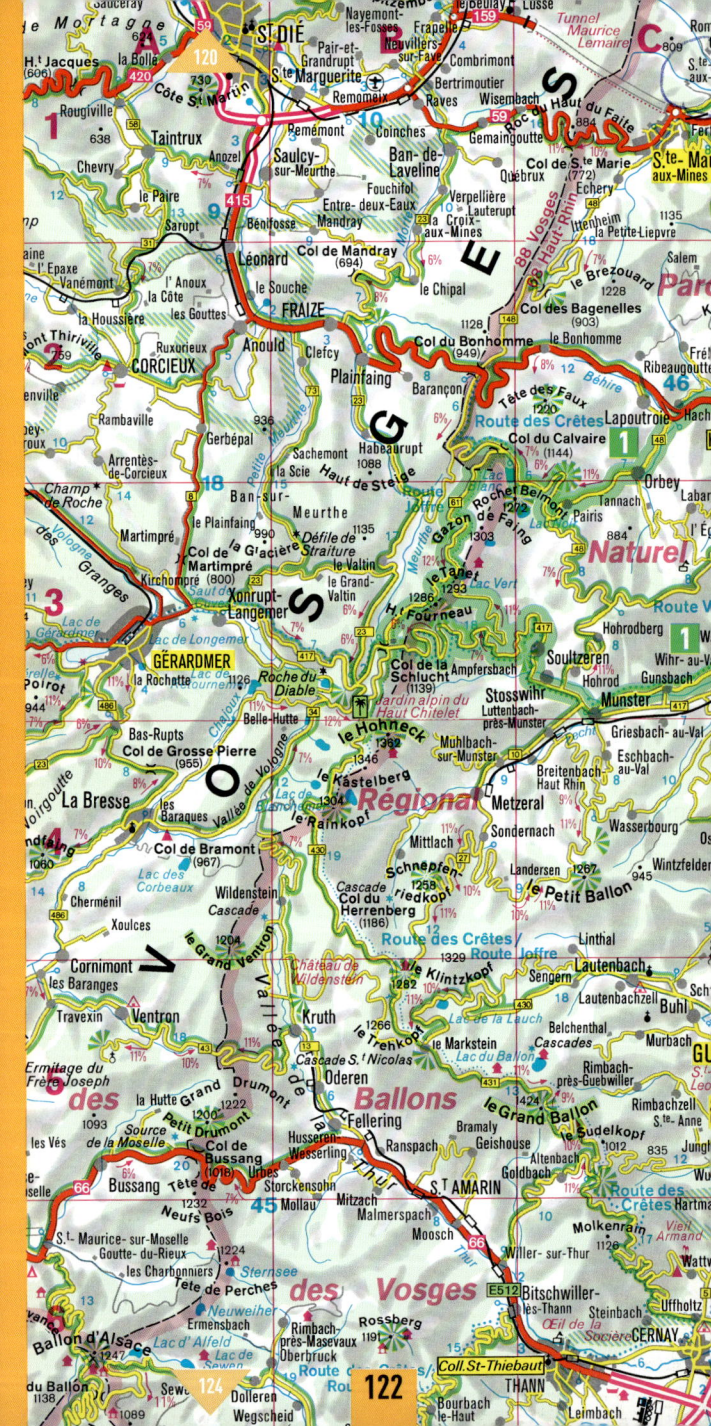

123

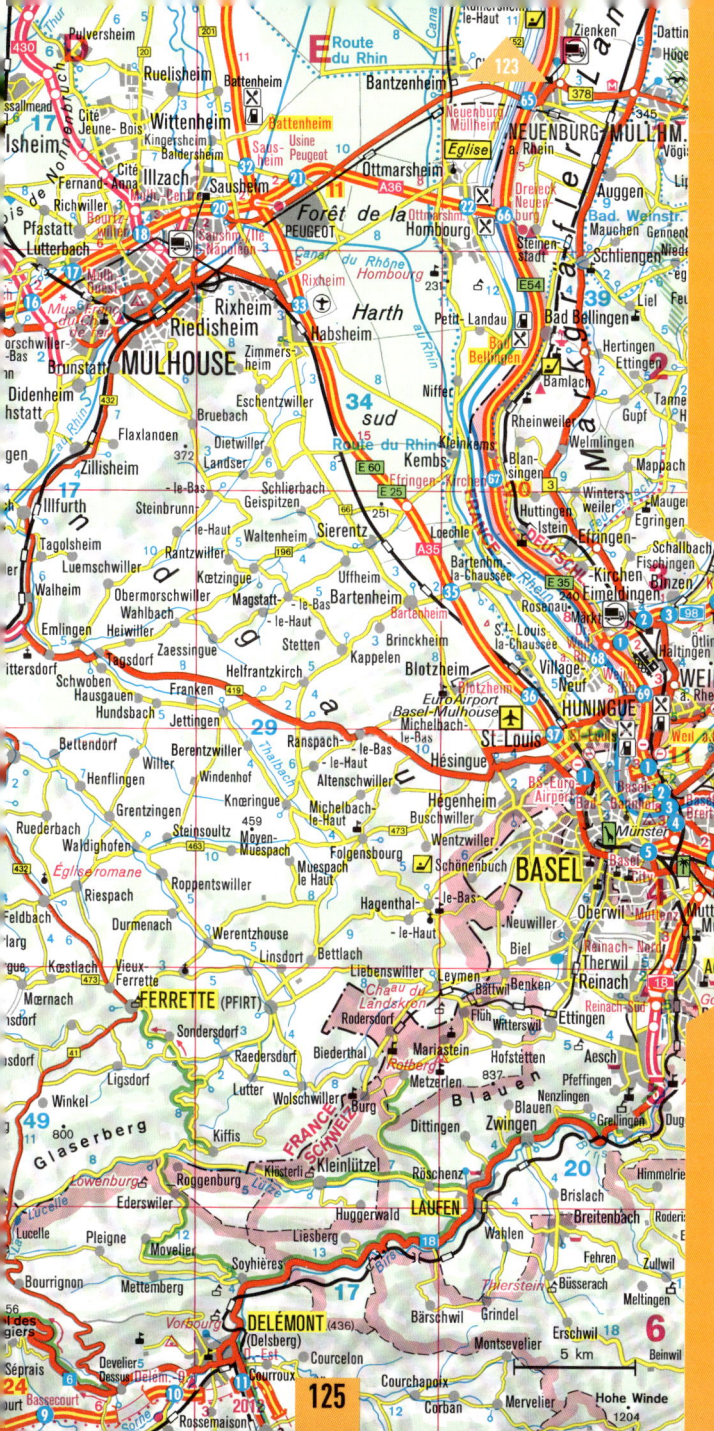

KARTENLEGENDE

Autobahn mit Anschlussstelle - Mautstelle	**Horb** / **14**	Motorway with junction - Toll
Autobahn in Bau - geplant	Datum/Date	Motorway under construction - projected
Tankstelle - Rasthaus - mit Motel	La Macchia	Filling station - Restaurant - with motel
Vierspurige Straße - in Bau		Road with four lanes - under construction
National- oder Staatsstraße - in Bau		Trunk road - under construction
Wichtige Hauptstraße - in Bau		Important main road - under construction
Hauptstraße - Nebenstraße		Main road - Secondary road
Fahrweg - Fußweg		Practicable road - Footpath
Passstraße mit Wintersperre - Steigung	X-IV 10%	Mountain pass closed in winter - Gradient
Für Wohnwagen nicht empfehlenswert - gesperrt		Not suitable for caravans - closed
Gebührenpflichtige Straße - Für Kfz gesperrt		Toll road - Road closed for motor traffic
Hauptbahn mit Bahnhof - Nebenbahn		Main railway with station - Other railway
Eisenbahn (Güterverkehr) - Autoverladung		Railway (freight haulage) - Railway ferry for ca
Zahnradbahn - Seilbahn - Sessellift		Rack-railway - Cable lift - Chair lift
Autofähre - Schifffahrtslinie		Car ferry - Shipping route
Flughafen - Regionalflughafen - - Flugplatz - Segelflugplatz		Airport - Regional airport - - Airfield - Gliding field
Besonders sehenswerter Ort	LISBOA	Place of particular interest
Besondere Natursehenswürdigkeit	Grotta d. Vento	Natural object of particular interest
Sonstige Sehenswürdigkeit	★ Cittadella	Other objects of interest
Landschaftlich schöne Strecke		Scenic road
Touristenstraße	Route des Grandes Alpes	Tourist route
Nationalpark, Naturpark - Aussichtspunkt		National park, nature park - Viewpoint
Botanischer Garten, sehenswerter Park - - Zoologischer Garten		Botanical gardens, interesting park - - Zoological garden
Burg, Schloss für Besucher zugänglich - Ruine		Castle open to public - Ruin
Sonstige Burg, Schloss - Kirche - Kloster - Ruinen		Other castle - Church - Monastery - Ruins
Turm - Funk- oder Fernsehturm		Tower - Radio- or TV tower
Denkmal - Leuchtturm		Monument - Lighthouse
Golfplatz - Jachthafen		Golf-course - Marina
Hotel, Motel, Gasthaus - Berghütte - Feriendorf		hotel, motel, inn - Mountain hut - Tourist color
Campingplatz - Jugendherberge		Camping - Youth hostel
Strandbad - Schwimmbad - Heilbad		Bathing place - Swimming pool - Spa
Staatsgrenze		State boundary
Grenzkontrollstelle international - - mit Beschränkung		International check-point - - Check-point with restrictions
Verwaltungsgrenze - Sperrgebiet		Administrative boundary - Restricted area
Ausflüge & Touren		Excursions & tours

FÜR IHRE NÄCHSTE REISE

gibt es folgende MARCO POLO Titel:

DEUTSCHLAND
Allgäu
Amrum/Föhr
Bayerischer Wald
Berlin
Bodensee
Chiemgau/Berchtes-
    gadener Land
Dresden/Sächsische
    Schweiz
Düsseldorf
Eifel
Erzgebirge/Vogtland
Franken
Frankfurt
Hamburg
Harz
Heidelberg
Köln
Lausitz/Spreewald/
    Zittauer Gebirge
Leipzig
Lüneburger Heide/
    Wendland
Mark Brandenburg
Mecklenburgische
    Seenplatte
Mosel
München
Nordseeküste
    Schleswig-Holstein
Oberbayern
Ostfriesische Inseln
Ostfriesland/
    Nordseeküste
    Niedersachsen/
    Helgoland
Ostseeküste
    Mecklenburg-
    Vorpommern
Ostseeküste
    Schleswig-Holstein
Pfalz
Potsdam
Rheingau/Wiesbaden
Rügen/Hiddensee/
    Stralsund
Ruhrgebiet
Sauerland
Schwäbische Alb
Schwarzwald
Stuttgart
Sylt
Thüringen
Usedom
Weimar

ÖSTERREICH | SCHWEIZ
Berner Oberland/Bern
Kärnten
Österreich
Salzburger Land
Schweiz
Steiermark
Tessin

Tirol
Wien
Zürich

FRANKREICH
Bretagne
Burgund
Côte d'Azur/Monaco
Elsass
Frankreich
Französische
    Atlantikküste
Korsika
Languedoc-Roussillon
Loire-Tal
Nizza/Antibes/Cannes/
    Monaco
Normandie
Paris
Provence

ITALIEN | MALTA
Apulien
Capri
Dolomiten
Elba/Toskanischer
    Archipel
Emilia-Romagna
Florenz
Gardasee
Golf von Neapel
Ischia
Italien
Italienische Adria
Italien Nord
Italien Süd
Kalabrien
Ligurien/Cinque Terre
Mailand/Lombardei
Malta/Gozo
Oberital. Seen
Piemont/Turin
Rom
Sardinien
Sizilien/Liparische Inseln
Südtirol
Toskana
Umbrien
Venedig
Venetien/Friaul

SPANIEN | PORTUGAL
Algarve
Andalusien
Barcelona
Baskenland/Bilbao
Costa Blanca
Costa Brava
Costa del Sol/Granada
Fuerteventura
Gran Canaria
Ibiza/Formentera
Jakobsweg/Spanien
La Gomera/El Hierro
Lanzarote

La Palma
Lissabon
Madeira
Madrid
Mallorca
Menorca
Portugal
Sevilla
Spanien
Teneriffa

NORDEUROPA
Bornholm
Dänemark
Finnland
Island
Kopenhagen
Norwegen
Oslo
Schweden
Stockholm
Südschweden

WESTEUROPA | BENELUX
Amsterdam
Brüssel
Dublin
Edinburgh
England
Flandern
Irland
Kanalinseln
London
Luxemburg
Niederlande
Niederländische Küste
Schottland
Südengland

OSTEUROPA
Baltikum
Budapest
Danzig
Estland
Kaliningrader Gebiet
Krakau
Lettland
Litauen/Kurische
    Nehrung
Masurische Seen
Moskau
Plattensee
Polen
Polnische Ostsee-
    küste/Danzig
Prag
Riesengebirge
Russland
Slowakei
St. Petersburg
Tallinn
Tschechien
Ukraine
Ungarn
Warschau

SÜDOSTEUROPA
Bulgarien
Bulgarische
    Schwarzmeerküste
Kroatische Küste/
    Dalmatien
Kroatische Küste/
    Istrien/Kvarner
Montenegro
Rumänien
Slowenien

GRIECHENLAND | TÜRKEI | ZYPERN
Athen
Chalkidiki
Griechenland
    Festland
Griechische
    Inseln/Ägäis
Istanbul
Korfu
Kos
Kreta
Peloponnes
Rhodos
Samos
Santorin
Türkei
Türkische Südküste
Türkische Westküste
Zakinthos
Zypern

NORDAMERIKA
Alaska
Chicago und
    die Großen Seen
Florida
Hawaii
Kalifornien
Kanada
Kanada Ost
Kanada West
Las Vegas
Los Angeles
New York
San Francisco
USA
USA Neuengland/
    Long Island
USA Ost
USA Südstaaten/
    New Orleans
USA Südwest
USA West
Washington D.C.

MITTEL- UND SÜDAMERIKA
Argentinien
Brasilien
Chile
Costa Rica
Dominikanische
    Republik

Jamaika
Karibik/Große Antillen
Karibik/Kleine Antillen
Kuba
Mexiko
Peru/Bolivien
Venezuela
Yucatán

AFRIKA | VORDERER ORIENT
Ägypten
Djerba/Südtunesien
Dubai
Israel
Jerusalem
Jordanien
Kapstadt/Wine Lands/
    Garden Route
Kapverdische Inseln
Kenia
Marokko
Namibia
Qatar/Bahrain/Kuwait
Rotes Meer/Sinai
Südafrika
Tansania, Sansibar
Tunesien
Vereinigte
    Arabische Emirate

ASIEN
Bali/Lombok
Bangkok
China
Hongkong/Macau
Indien
Indien/Der Süden
Japan
Kambodscha
Ko Samui/Ko Phangan
Krabi/Ko Phi Phi/
    Ko Lanta
Malaysia
Nepal
Peking
Philippinen
Phuket
Rajasthan
Shanghai
Singapur
Sri Lanka
Thailand
Tokio
Vietnam

INDISCHER OZEAN | PAZIFIK
Australien
Malediven
Mauritius
Neuseeland
Seychellen
Südsee

REGISTER

Im Register sind alle in diesem Reiseführer erwähnten Orte und Ausflugsziele unter ihrem französischen Namen verzeichnet. Halbfette Seitenzahlen verweisen auf den Haupteintrag.

> SCHREIBEN SIE UNS

Liebe Leserin, lieber Leser,

wir setzen alles daran, Ihnen möglichst aktuelle Informationen mit auf die Reise zu geben. Dennoch schleichen sich manchmal Fehler ein – trotz gründlicher Recherche unserer Autoren/innen. Sie haben sicherlich Verständnis, dass der Verlag dafür keine Haftung übernehmen kann.

Wir freuen uns aber, wenn Sie uns schreiben.

Senden Sie Ihre Post an die MARCO POLO Redaktion, MAIRDUMONT, Postfach 3151, 73751 Ostfildern, info@marcopolo.de

IMPRESSUM

Titelbild: Weinberge bei Riquewihr (alamy/Look: Wohner)
Fotos: alamy/Look: Wohner (1); Aquatinte: Anita Gardelliano (95 o.); Château d'Isenbourg Hôtel: Christophe Bielesa (15 o.); W. Dieterich (U. r., 4 l., 5, 19, 24/25, 26, 27, 28, 28/29, 29, 30/31, 43, 49, 51, 53, 58/59, 62, 63, 65, 71, 75, 76/77, 84, 86, 102); © fotolia.com: Melinda McFadden (14 o.), Viktor (95 u. r.); R. Freyer (U. M., 2 r., 3 l., 8/9, 11, 22, 22/23, 32, 54, 56/57, 79, 80, 83, 100/101, 114/115); J. Hartlieb (130); HB Verlag: Kirchner (U. l., 3 M., 3 r., 4 r., 20, 35, 38, 42, 46, 47, 60, 67, 81, 90, 96/97, 103); Huber: Schmid (2 l.); © iStockphoto.com: ivanmateev (95 M. l.), Chris Johnson (13 o.), kjohansen (94 u. r.), luoman (13 u.), naphtalina (95 M. r.), photooiasson (94 M. r.), rpernell (14 M.), terrasprite (94 M. l.); A. Kaeflein (23); Laif: Galli (6/7, 72, 78), Heeb (16/17), Kirchner (37, 41, 68/69, 88/89), Linke (44/45, 92, 98); LéO Production: Philippe Paret (15 u.); Robert Niedrung (12 o.); SK Productions Sarl: Eddy Koehler (94 o. l.); St-art / STRASBOURGevenements: Etienne List (14 u.); Vignoble Klur (12 u.)

12., aktualisierte Auflage 2010
© MAIRDUMONT GmbH & Co. KG, Ostfildern
Chefredaktion: Michaela Lienemann (Konzept, Chefin vom Dienst), Marion Zorn (Konzept, Textchefin)
Autoren: Jutta Hartlieb, Peter Schenk; Redaktion: Nikolai Michaelis
Programmbetreuung: Silwen Randebrock; Bildredaktion: Gabriele Forst
Szene/24h: wunder media, München
Kartografie Reiseatlas: © MAIRDUMONT, Ostfildern
Innengestaltung: Zum goldenen Hirschen, Hamburg; Titel/S. 1–3: Factor Product, München
Sprachführer: in Zusammenarbeit mit Ernst Klett Sprachen GmbH, Stuttgart, Redaktion PONS Wörterbücher

Jutta Hartlieb hat in Frankreich studiert und arbeitet seit 1988 in Straßburg als Korrespondentin für die Nachrichtenagentur AFP.

Was reizt Sie an Straßburg?

Straßburg ist eine recht übersichtliche Stadt und daher ideal für eine Familie mit Kindern (ich habe zwei, die mittlerweile Jugendliche sind). Gleichzeitig ist es dank der Europainstitutionen eine internationale Stadt, in der man Leute aus vielen Ländern treffen kann. Außerdem gibt es ein reichhaltiges kulturelles Angebot, das Staatstheater TNS und die Rheinoper etwa gehören zu den besten Bühnen in Frankreich.

Und was mögen Sie am Elsass nicht so?

Den Rummel an Wochenenden, wenn Dutzende von Bussen mit Touristen eintreffen. Ganz schlimm ist es auf dem Weihnachtsmarkt. Gewöhnungsbedürftig sind auch die französischen Behörden, vieles ist sehr umständlich und langwierig.

Wo und wie leben Sie genau?

Ich wohne in einem Viertel mit Einfamilienhäusern und Gärten, das etwas außerhalb liegt und doch nahe am Zentrum – drei Stationen mit der Straßenbahn oder zehn Minuten mit dem Rad.

Kommen Sie viel im Elsass herum?

Da ich für die Berichterstattung in ganz Ostfrankreich zuständig bin, bin ich oft für Reportagen unterwegs. Ich kenne das Elsass nach so vielen Jahren in der Region nun ganz gut, meine journalistische Tätigkeit erlaubt auch manchen Blick hinter die Kulissen. Im Lauf der Jahre haben wir auch einige elsässische Freunde kennengelernt, die mir oft Tipps für nette Restaurants oder Ausflugsziele geben.

Was tun Sie in Ihrer Freizeit?

Lesen, Kino, kochen, spazierengehen, Ski fahren, schwimmen … Am Wochenende fahren wir gerne in die Vogesen, zum Spazierengehen oder zum Skilanglaufen.

Mögen Sie die elsässische Küche?

Ich liebe die einfache elsässische Hausmannskost, vor allem das Eintopfgericht *baeckeoffe* und Münsterkäse mit Kümmel. Oder auch *bibbeleskäs* (eine elsässische Quarkvariante) mit viel frischem Schnittlauch und Brat- oder Pellkartoffeln.

Könnten Sie wieder in Deutschland leben, oder sind Sie „verdorben"?

Im Elsass lebe ich ja praktisch mit einem Fuß in Deutschland – wir fahren regelmäßig über den Rhein, zum Einkaufen oder auch mal zum Essen in einem badischen Gasthaus. Das tun übrigens auch immer mehr Elsässer.

10 € GUTSCHEIN
für Ihr persönliches Fotobuch*!

Gilt aus rechtlichen Gründen nur bei Kauf des Reiseführers in Deutschland und der Schweiz

SO GEHT'S: Einfach auf www.marcopolo.de/fotoservice/gutschein gehen, Wunsch-Fotobuch mit den eigenen Bildern gestalten, Bestellung abschicken und dabei Ihren Gutschein mit persönlichem Code einlösen.

Ihr persönlicher Gutschein-Code: mpzk2q2m6z

MARCO POLO

MEINE REISE
Die schönsten Erinnerungen

Erlebe Deine Bilder!

Zum Beispiel das MARCO POLO FUN A5 Fotobuch für 7,49 €.

powered by fotokasten

www.marcopolo.de/fotoservice/gutschein

> BLOSS NICHT!

Auch im Elsass gibt es Dinge, die Sie besser meiden

Alkohol am Steuer

Achtung, auch in Frankreich gilt die Promillegrenze von 0,5! Man muss also beim Alkoholkonsum sehr zurückhaltend sein.

In Touristenfallen einkehren

An touristischen Hauptanziehungspunkten, etwa rund um das Straßburger Münster, gibt es Lokale, die nicht gerade zu den gastronomischen Highlights gehören – leicht zu erkennen an der kitschigen Folkloreaufmachung und der schon am Eingang in deutscher Sprache angeschlagenen Speisekarte. Das Essen ist meist mittelmäßig, und zudem müssen Sie oft zweifelhafte Musikdarbietungen – etwa mehr oder weniger gelungene Interpretationen von Chansons – über sich ergehen lassen.

Es Dieben allzu leicht machen

Sie sollten beim Stadtbummel, in den öffentlichen Verkehrsmitteln und im Gedränge gut auf Handtasche und Fotoapparat aufpassen, Wertsachen nie im Auto lassen, den Wagen immer gut abschließen und das Portemonnaie nicht griffbereit in der hinteren Hosentasche tragen. Als besonders riskant gilt in Straßburg neben dem Bahnhof und seiner Umgebung der Münsterplatz.

Mit dem Auto in die Innenstädte

In die Straßburger Innenstadt sollten Sie möglichst nicht mit dem Wagen fahren.

Parkplätze sind rar, und Falschparker müssen mit empfindlichen Geldbußen rechnen. Geparkte Wagen, die den Verkehr behindern, werden gnadenlos abgeschleppt. Besonders schwierig erweist sich die Parkplatzsuche an Samstagen sowie an deutschen Feiertagen, die in Frankreich keine sind. Dann strömen Einkaufstouristen zu Tausenden über die Grenze. Die Straßburger Parkhäuser in der Innenstadt sind dann bereits morgens voll. Besser ist es, den Wagen außerhalb des Stadtkerns zu lassen und ein paar Minuten zu Fuß zu gehen. Ähnlich sieht es an solchen Tagen in Mulhouse aus. Beide Städte bieten an den Hauptverkaufstagen ein Park-and-Ride-System an. In Straßburg empfehlen sich mehrere Straßenbahnlinien als billige und zudem bequeme Alternative.

Am Wochenende auf der Weinstraße

Die Weinstraße gehört zu den Highlights eines Elsassaufenthalts. In den Hauptferienmonaten kann ein Besuch allerdings zur Qual werden, besonders am Wochenende, wenn zahlreiche Ausflügler aus der Region für zusätzlichen Trubel sorgen.

Auf den erstbesten Weihnachtsmarkt

Idyllische Weihnachtsmärkte gibt es in vielen kleineren elsässischen Orten. Eine Liste erhalten Sie beim Comité du Tourisme. Der zentrale Straßburger Weihnachtsmarkt rund ums Münster ist dagegen nicht unbedingt zu empfehlen. Die Verkäufer und zahlreiche fliegende Händler bieten viel Ramsch an.